Découvrez l'histoire par les archives de presse

RETRONEWS

Le site de presse de la BnF

www.retronews.fr

BULLETIN

de la

Société Académique

DE BREST

Reconnue d'utilité publique

(AOUT 1880)

DEUXIÈME SÉRIE - TOME XXXVII

1912-1913

BREST

Imprimerie commerciale de la « Dépêche », 25, rue Jean Macé

—

1913

BULLETIN

de la

SOCIÉTÉ ACADÉMIQUE

Les Conférences de la Société Académique

Pendant l'Année 1912-1913

Les conférences de l'hiver 1912-1913 ont été nombreuses et particulièrement goûtées.

Ces soirées, auxquelles le talent des orateurs eût suffi pour les rendre instructives, ont toutes ou presque toutes été suivies d'agréables auditions, ou accompagnées de très intéressantes projections.

Nous adressons ici, à tous ceux qui y ont participé, l'expression de notre gratitude et nos sincères remerciments pour l'aide qu'ils ne cessent de nous apporter.

Voici la liste des conférences de l'hiver 1912-1913:

19 novembre 1912. — LA CHAPELLE SIXTINE DE 1481 A 1512, à l'occasion du quatrième centenaire de l'inauguration de la voûte (avec projections lumineuses), par M. Masseron, licencié ès-lettres, Avocat au Barreau de Brest.

25 novembre. — A TRAVERS LES ETATS BALKANIQUE ET LES FRONTIERES TURQUES, Monténégro, Albanie, Serbie, Bulgarie (avec projections de 100 vues inédites), par M. le Comte Jules de Cuverville, ex-Chargé de mission du Ministère de l'Instruction publique et de la Société de Géographie.

2 décembre. — LA PRECIOSITE ET LA SOCIETE PRECIEUSE DU XVIIe SIECLE (avec auditions de poésies de Voiture et de fragments des *Précieuses Ridicules* et des *Femmes Savantes,* de Molière), par M. L. Delourmel, Bibliothécaire-Archiviste de Brest.

9 décembre. — ERCKMANN-CHATRIAN, par M. Cadiou, Administrateur principal de la Marine.

16 décembre. — L'ELOQUENCE JUDICIAIRE : Mᵉ LACHAUD, par M. Kernéis, Avocat au Barreau de Brest.

10 février 1913. — L'ENFANT DANS LES ŒUVRES DE VICTOR HUGO, par M. L. Delourmel, Bibliothécaire-Archiviste de Brest.

17 février. — L'HYGIENE AU TEMPS PASSE (avec lectures de scènes du *Malade imaginaire*), par M. le Docteur Alix, Directeur du Bureau municipal d'Hygiène.

24 février. — Causeries et lectures sur L'EDUCATION DES FEMMES AU XVIIIe SIECLE, par Mlle Salvagniac et Mme Perdriel-Vaissière.

3 mars. — L'EVOLUTION INTELLECTUELLE DE MAURICE BARRES, par M. Paul Etard, Professeur au Lycée de Brest.

10 mars. — LE THEATRE DE SAINT-CYR, par M. L. Delourmel, Bibliothécaire-Archiviste de Brest, et représentation de l'acte II d'*Esther*, avec chœurs et musique, sous la direction de M. Allègre, Professeur de musique, et de Mlle Darragon, Professeur de chant, diplômée de la « Schola Cantorum ».

16 avril. — QUELQUES PAROLES SUR L'ŒUVRE
DE PAUL CLAUDEL, par Mme J. PERDRIEL-
VAISSIÈRE, pour préparer à la lecture de frag-
ments de l'*Annonce faite à Marie.*

5 et 6 mai. — Soirées consacrées à la mémoire de
M. le Docteur Jules HÉBERT, ancien Président de
la Société Académique : CAUSERIE SUR SON
ŒUVRE, par M. L. DÉLOURMEL, Bibliothécaire-
Archiviste de Brest, et représentation de *Pierrot
Poète*, pièce en un acte et en vers, du Docteur
Jules HÉBERT.

Le Docteur Hébert

et son œuvre

(Conférence faite à la Salle de la Bourse, les 5 et 6 mai 1913, par M. L. DELOURMEL, Secrétaire général de la Société Académique.)

MESDAMES, MESSIEURS,

Cette soirée est la dernière que nous avons, cette année, l'honneur de vous offrir ; — nous aurions désiré qu'elle fût la première.

Nous aurions souhaité, — si les circonstances l'avaient permis, — inaugurer, par *Pierrot Poète*, nos lundis d'hiver 1912; adresser, dès notre première réunion, un juste et affectueux hommage, un doux et pieux souvenir à celui que la mort venait de nous arracher, et qui avait voulu qu'aucun discours ne fût prononcé sur sa tombe.

Et voici que cette soirée est, en quelque sorte, l'anniversaire du dernier acte de la vie laborieuse de notre regretté président, l'anniversaire de la dernière marque de sympathie et de dévouement que le Docteur Hébert donna à notre Société.

Presqu'à cette même date, il y a un an, — déjà, — notre Président, vous vous en souvenez, clôturait la série de nos conférences dernières par une magistrale étude sur Alfred de Musset.

Le mal qui le minait lui avait laissé quelque répit.
Mais surtout, avec une ultime, surhumaine énergie, il
avait surmonté ses souffrances; il nous avait chanté,
en termes exquis, le « poète de l'amour » et, quelques
jours après, la grande faucheuse l'emportait et le
ravissait à l'affection de tous ceux qui le connaissaient,
car tous ceux-là l'aimaient.

La poésie était, pour le Docteur Hébert, un délas-
sement, une détente nécessaire aux fatigues de sa
profession.

Les soirs d'hiver, après une journée bien remplie,
qu'il aimait à se retrouver dans son grand fauteuil, au
coin du feu ! Là, malgré les ébats de son charmant,
mais bruyant entourage, il arrivait à s'isoler complè-
tement.

Il rêvait, tout éveillé, si l'on peut dire, et, peu à
peu, cette rêverie prenait corps, dessinait les carac-
tères, entraînait les épisodes et s'enguirlandait dans
des vers clairs et limpides, qui reflétaient son âme
ardente, saine et généreuse.

Mais, c'était surtout l'été, pendant ses quelques
semaines de vacances passées sur les grèves désolées
de nos côtes, qu'il se plaisait à lâcher bride à son
imagination, à poursuivre, dans leur vol parallèle,
l'inspiration et la rime. Les souffles du large l'empor-
taient au pays du rêve, et c'est là que sont nées les
plus fortes de ses œuvres.

Jules Hébert n'était pas un élégiaque, bien qu'il
fût capable de conserver dans ses tiroirs quelques
bouquets fanés.

C'était un modeste, estimant que la muse est femme
et veut être aimée pour elle-même.

Il faisait des vers, comme en secret, pour se donner
à lui-même la joie d'exprimer ce qu'il sentait, dans un
langage qui donnait plus de charme à ses sentiments.

Les premiers sonnets du poète, conservés dans nos annales, sont d'une fraîcheur exquise. Leur poésie est comme une source cachée qui coule, pure et limpide, dans la solitude d'un bois écarté.

Mais, c'est dans les pièces de longue haleine que son talent semble se mouvoir plus à l'aise, tel ce premier drame lyrique, *L'Esclave*, dont Jules Hébert rêva, une nuit, le fond et la forme, et que, dans son imperturbable mémoire, il retrouva, presqu'en entier, à son réveil.

Car, il faut le dire, notre poète était doué d'une mémoire merveilleuse qui servait puissamment sa manière d'écrire. Il pouvait, en quelque sorte, emmagasiner dans sa pensée deux ou trois vers, sans en écrire un seul, jusqu'au moment où, prenant ses tablettes, il les fixait tout d'une haleine, presque sans rature.

L'Esclave fut le premier essai de l'auteur dans le genre théâtral. Il est daté d'Ouessant, août 1893.

Voici brièvement le sujet du drame :

Messaline, la trop célèbre impératrice romaine, a remarqué, au milieu des jeux du cirque, un esclave gaulois. Elle le fait appeler et, dans l'élan de sa passion, *lui propose la liberté s'il consent à l'aimer ;* elle va même jusqu'à lui offrir de partager son trône.

Mais l'esclave gaulois a gardé dans son cœur le souvenir d'une fraîche idylle, jadis ébauchée au pays d'Armor et, préférant mourir, il repousse fièrement les offres de Messaline.

Sur ce thème, d'un grand souffle poétique, une page musicale, de puissante harmonie, a été orchestrée par le compositeur Bastide, et la représentation de *L'Esclave,* en septembre 1906, au Casino de Paramé, remporta un grand, un légitime succès.

En 1894, M. le Docteur Hébert fit paraître *Le Réfractaire,* pièce en 3 actes et en vers, représentée pour la première fois au théâtre de Brest, le 30 novembre 1901.

Le Réfractaire, c'est Jean, un jeune pêcheur de Plogoff qui, appelé par l'inscription maritime au moment de l'expédition d'Alger, oublie l'honneur et le devoir pour suivre, dans quelque retraite inaccessible, sa fiancée Yvonne, désespérée de ce départ inattendu. Heureusement, la mère veille ; veuve de marin, elle n'entend pas que son fils déserte son drapeau ; elle fait comprendre leur folie aux deux amoureux ; Jean rejoindra son bord et Yvonne attendra, chez la mère, son retour.

Dans cette pièce, fortement construite, où les personnages sont bien campés, les effets suffisamment gradués, le poète nous fait goûter le charme d'un vers limpide et nerveux.

En 1902, le Docteur Hébert achève son *Roi Lear*, traduction élégante et fidèle de la tragédie de Shakespeare.

Shakespeare l'enthousiasmait : « En le lisant, disait-il, quelque chose me prend à la gorge et je pleure d'admiration : c'est si vrai et si beau ! »

Le *Roi Lear*, de Jules Hébert, n'a pas été publié, mais, dans les séances mensuelles de notre Société, nous eûmes la bonne fortune de goûter la lecture de ces vers sonores et bien frappés, exprimant si fortement la tristesse et les malédictions du vieux roi.

La scène de l'orage, quand le roi Lear, aveugle, est chassé par ses filles de son propre palais, est l'œuvre d'un grand poète.

Jugez plutôt :

Pluie, épanche tes flots ; feux, vomissez vos flammes !
Tonnerre, gronde à l'aise, épouvante nos âmes.
Orage, grêle, vents, répandez-vous dans l'air !
Vous n'êtes pas mon sang, vous n'êtes pas ma chair !

Vous pouvez me frapper dans cette solitude,
Je ne puis vous taxer du moins d'ingratitude.
Je n'ai point partagé mon royaume entre vous !
Ce nom béni d'enfant si touchant et si doux
Ne s'est jamais pour vous échappé de ma bouche ;
Je n'ai pas autrefois veillé sur votre couche.
Vous ne me devez rien : ni respect, ni faveurs ;
Exercez donc sur moi vos terribles rigueurs !
Vil objet de mépris, abreuvé de souffrance,
Pauvre et faible, à vos coups je m'offre sans défense...
De vous donner les noms de lâches, d'odieux,
Et pourtant j'ai le droit, éléments furieux,
Vous qui vous unissez à mes filles perverses
Et gardez la rigueur de vos froides averses,
De vos souffles glacés et des vos feux brûlants
Pour mes cheveux blanchis et mes membres tremblants !

Race forte vit le jour, cette même année 1902 et fut écrite, pendant les vacances, face aux rochers d'Ouessant. On y sent passer la grande brise du large ; elle fleure le goudron ; c'est la peinture délicate et vraie de l'âme de nos marins.

Puis, c'est encore, l'année suivante, une grande œuvre, restée inédite : *Pour la Bretagne*, drame lyrique en 4 actes, tiré de l'épisode de la guerre des deux Jeanne, de la lutte entre Charles de Blois et le comte de Montfort, qui briguent la succession du duché de Bretagne.

Laissez-moi vous lire ces vers délicieux d'une scène du second acte: Jeanne de Trégastel brode une bannière aux armes de Bretagne, quand arrive son fiancé, Hervé de Malestroit. Il va partir, défendre la cause des Montfort, mais auparavant, il a voulu revoir les sentiers qu'ils ont parcourus tous les deux, et il apporte à Jeanne un bouquet de bruyères.

Ces fleurs, Jeanne, pendant que ma main les cueillait,
Sur le bord du chemin, tout fraîchement écloses,
Sonnaient le carillon de leurs clochettes roses,

Le carillon d'amour si joyeux et si doux
Que je voyais le ciel s'entr'ouvrir devant nous.

JEANNE

Et que disaient ces fleurs à l'âme du poète ?

HERVÉ

Ce que disaient ces fleurs ? C'est le mot que répète
Le brin d'herbe des champs à la rosée en pleurs,
Que bourdonne l'abeille au calice des fleurs,
Le mot que l'oiseau chante à l'aube matinale,
Que la brise murmure à l'onde virginale
Et que l'onde en fuyant dit aux nénuphars blancs
Couchés sur le lit bleu des ruisseaux somnolents ;
C'est le mot éternel qui, dans la paix profonde,
Sous ses rideaux d'azur berce notre vieux monde,
Le mot mystérieux que les étoiles d'or
Jettent dans la nuit claire à la terre qui dort
Et qui passe en tremblant sur nos lèvres fidèles,
Caressant et léger comme un frôlement d'ailes,
Doux comme les baisers que les vents embaumés
Déposent au front pur des grands lys parfumés !

Enfin, c'est *Pierrot Poète* que nous aurons, tout à l'heure, la joie d'applaudir.

Pierrot Poète, spirituel badinage, à la note tantôt aventurière, tantôt caustique, mais débordant de lyrisme quand le poète chante la grande nature, évocatrice des rêves.

**
**

Je viens de parcourir, bien imparfaitement, en quelques mots rapides, l'œuvre du poète que nous pleurons.

Ai-je besoin, maintenant, de vous rappeler l'homme, l'homme de bien qui s'en est allé, escorté d'unanimes regrets, le président dévoué, avec lequel nous avons vécu l'intimité la plus cordiale et la plus sûre ?

Lequel de nous a oublié avec quel zèle, quelle courtoisie, il a présidé, pendant plus de quinze ans, aux destinées de notre Compagnie ?

La note dominante de son caractère était une égalité d'humeur inaltérable et une extrême bonté.

Jamais on ne s'adressait à lui en vain, quand il y avait un service à rendre, une misère à soulager. Malgré les lourdes obligations d'une clientèle aussi nombreuse que choisie, il était resté, comme on l'a nommé à bon droit, « le médecin des pauvres ». C'est qu'en effet, il était toujours prêt à répondre à leur appel, et la *manière* en doublait le prix, car il savait le faire avec cette bonne grâce simple et souriante dont il avait le secret.

Il aimait la paix et la répandait autour de lui, grâce à une inépuisable indulgence et au charme de cette bonté qui lui gagnait toutes les sympathies.

Trois grands mobiles dirigèrent toute sa vie : Dieu, la patrie, la famille.

Il voyait Dieu partout dans la nature, qu'il aimait passionnément et qu'il a chantée avec des notes si douces et si prenantes.

Son patriotisme se reflète dans toutes ses œuvres. La famille était sa préoccupation constante ; il y goûta quelques-unes des joies les plus pures, car il avait, à son foyer, les confidents de sa pensée et de son cœur.

Une grande droiture dans ses sentiments, comme dans ses convictions personnelles ; une affabilité et une bonté à toute épreuve, une incessante aspiration vers l'idéal du beau et du vrai, telle était la note intime de cette nature éminemment sympathique.

Et Jules Hébert se survivra dans son œuvre ; sa mémoire vivra éternellement parmi nous, puisque son souvenir est impérissablement fixé en nos annales.

Et nous chanterons, pour lui, les derniers vers de son dernier poème : *Adieux de Brizeux mourant à la Bretagne*, la douce prière qu'il fait dire à l'immortel chantre de *Marie* :

Réunissez les gens, l'été, sous la feuillée,
L'hiver au coin du feu, chez vous, à la veillée,
Apprenez-leur mon nom, enseignez-leur mes chants,
Que le passant les dise au brin d'herbe des champs,
Que le pâtre les dise à l'aurore vermeille,
Au nuage qui passe, à l'écho qui sommeille ;
Que l'humble laboureur, revêtu de haillons,
Les dise au grain qui germe aux revers des sillons ;
Que les marins couchés sous la blancheur des voiles,
Les disent à la mer, les disent aux étoiles,
Pour que des bois ombreux et des frêles roseaux,
Et du sein de la terre et du calme des eaux,
Et des champs de blé noir et du sable des grèves,
Bruissante et légère, ainsi que dans des rêves,
Sous les cieux attristés et brumeux de l'Armor,
Monte encor dans la nuit la voix du barde mort !

MÉMOIRES

DEVISAIRE BRETON

2ᵉ Série

PRÉFACE

La Mode, gracieuse mais changeante souveraine, sait tout plier, pour un instant, à ses fantaisies. Sait-on que jadis elle enguirlanda de *devises* son sceptre capricieux ?

Oui, il fut un temps où, à tout propos, et même hors de propos, on composa des phrases jolies, ensuite peintes ou gravées un peu partout.

Mᵐᵉ de Sévigné, — devenue Bretonne elle nous appartient, — sacrifia généreusement au goût du jour : elle aima les devises et les sentences et s'amusa à en « décorer » les beaux arbres de son parc des Rochers. Sa correspondance nous en a conservé plusieurs :

La lontananza ogni gran piaga salda (Le temps cicatrise toute plaie).

Piaga d'amor non si sana mai (Blessure d'amour ne se ferme pas).

Le alte non temo (Je ne crains pas les hauteurs, ou : les grands). Corps : un aigle qui s'approche du soleil.

Meglio morir in presenza che viver in assenza
(Plutôt mourir devant elle que vivre loin d'elle).

Vago di fama (Poursuivant de la gloire).

Bella cosa far niente (Belle chose de ne rien
faire!)

Di mezzo l'orrore esce il diletto (De l'horreur
naît le plaisir).

Au plafond d'un petit abri elle fit peindre des
nuages et ce vers du *Pastor fido:*

Di numbi il cielo s'oscura indarno (C'est en vain
que le ciel se couvre de nuages).

Le 26 juillet 1671, elle écrivait: « *Di memoria
nudrirsi piu che di speme,* c'est bien ma vraie
devise. » (Vivre de souvenirs plutôt que d'espérance.)

Que l'on ne s'étonne pas de tout cet italien, la
célèbre marquise connaissait fort bien cette langue
et l'apprenait à son entourage.

*
* *

Certes, ces ingénieuses productions méritent
d'être notées, mais elles ne présentent pas le même
intérêt que les devises portées par des familles ou
des particuliers.

Quand une devise peut être jointe à un blason,
elle devrait toujours en accompagner la description,
parce qu'elle a la même valeur que lui. N'est-elle pas
comme un rayon, souvent glorieux, qui vient en
caresser et en faire chatoyer les émaux ?

Portées par des particuliers, les devises com-
plètes constituent en quelque sorte des armoiries
spéciales: le blason de ceux qui n'en ont pas...

Dans le sonnet-préface de son *Roman de la vingtième année* (1), le général Francis Pittié a dit:

MA DEVISE

Mon âme vient du peuple et n'en est pas plus vaine.
Sur le tronc vermoulu d'un frêne où d'un ormeau,
Je n'ai jamais greffé d'héraldique rameau.
Et c'est un sang d'hier qui coule dans ma veine.

* *
*

Ma mère, le front ceint d'acanthe et de verveine,
A grandi, libre et chaste, au milieu d'un hameau;
Mon aïeul, fils de gueux et père de grimaud,
Suça le maigre sein de la pâle déveine.

* *
*

Mais si l'Armorial ne connaît pas mon nom,
Si les plis ondoyants de mon obscur pennon
Ne flottent point aux murs de Solyme conquise,

* *
*

Pour l'éternel honneur du fils qui me naîtra,
En ce vers sobre et franc j'exalte ma devise:
« Fais ce que dois toujours, advienne que pourra. »

Toutes les devises particulières ne sont pas aussi fièrement justifiées, mais c'est toujours un vrai régal d'en rencontrer qui ont su prendre une allure personnelle: ce sont des reflets d'âme.

____

(1) Paris, G. Fischbacher, éditeur, 1882 (3e édition).

Partie intégrante de l'héraldique, la Devise est réglementée, mais les lois qui régissent le blason paraissent moins sévères pour elle. On trouvera d'intéressantes études sur le sujet au chapitre VI des *Entretiens d'Ariste et d'Eugène*, du P. Bouhours; en tête du *Devisaire de Bretagne*, ébauché par M. de Boceret, et des *Dictionnaires des Devises*, de M. H. Tausin.

*
* *

Aujourd'hui, les devises sont trop négligées, elles ne délectent plus qu'un petit nombre de fervents du passé : curieux d'Histoire ou collectionneurs. C'est pour ceux-là, les amis du document, que la cueillette a été continuée.

Il y a deux ans, en laissant imprimer la première série du *Devisaire breton*, nous savions que cette liste (établie d'ailleurs pour notre plaisir personnel), était bien incomplète. Elle comprenait 930 devises; en voici plus de 700 autres et le sujet est, sans doute, loin d'être épuisé. Le sera-t-il jamais?

Cette nouvelle série a été, comme la précédente, tirée de très nombreuses sources; parmi les sources imprimées, il faut citer les *Dictionnaires des Devises*, de notre érudit confrère M. H. Tausin, déjà mentionnés plus haut; les ouvrages de L. de la Roque et de Champeaux ; les *Annuaires héraldiques* de Wigniolle; une foule de *Bulletins* de sociétés et autres livres, etc.

Des concours amicaux ont également enrichi le répertoire; nous tenons à remercier plus particulièrement deux excellents confrères en collections : le Docteur Vialet et le Docteur Le Mazurier, et aussi l'aimable M. Fr. Caurel.

Enfin, nous avons tenté une enquête directe près des représentants d'environ 600 familles d'origine ou devenues bretonnes. Ici, la moisson a été des moins abondante, à notre grande surprise, mais à ceux qui ont eu la courtoisie de nous documenter, nous envoyons l'expression de notre vive reconnaissance.

L. ESQUIEU.

Rennes, mars 1913.

En ouvrant ce livre, on a remarqué le dessin du Frontispice : appuyée sur un impérissable granit qui porte sa devise, la Bretagne se recueille... Cette sobre mais éloquente composition est due à M. Jacques Pohier, l'artiste amateur dont le talent est si connu et si apprévié.

BIBLIOGRAPHIE

Le P. Bouhours. — *Entretiens d'Ariste et d'Eugène.* Paris, Mabre-Cramoisy (1683). — (Le VI° entretien, intitulé : *Les Devises*, comprend 400 pages, suivies d'une liste de devises avec leur traduction).

O. de Bessas de la Mégie. — *Légendaire de la noblesse de France, devises, cris de guerre, dictons, etc., des provinces, villes, familles nobles de la France, au nombre de plus de 6.000.* Paris, Librairie centrale (1865), in-8°.

A. Chassant et H. Tausin. — *Dictionnaire des Devises historiques et héraldiques.* Paris, J.-B. Dumoulin (1878), 3 vol. in-12.

H. Tausin. — *Supplément au Dictionnaire des Devises historiques et héraldiques.* Paris, Em. Lechevalier (1895), 2 vol. in-12.

H. Tausin. — *Devises choisies.* Chauny, Nougarède (1897), in-8°, 62 pages.

H. Tausin. — *Dictionnaire des Devises ecclésiastiques.* Paris, Em. Lechevalier (1907), in-12.

J. Dielitz. — *Die Wahl-und Denksprüche.* Francfort-sur-le-Mein (1888), in-4°.

Baron Oscar de Watteville. — *Etude sur les Devises personnelles et les Dictons populaires.* Paris (1888), in-8°.

L. de La Roque. — *Devises héraldiques traduites et expliquées.* Paris, A. Desaide (1890), in-12.

J. de Champeaux. — *Devises, cris de guerre, légendes, dictons.* Dijon (1890), in-8°.

De Rochas d'Aiglun. — *Cris de guerre, devises, etc.* Paris (1890), in-8°.

G. Vallier. — *Dictionnaire des divises héraldiques, numismatiques, historiques et fantaisistes du Dauphiné.* Valence (1891), in-8°.

Heraldicus. — *Lijf-en Wapenspreuchen.* La Haye (1892), petit in-8°.

E. de Boceret. — *Devisaire de Bretagne.* Vannes, Lafolye (1894), in-8°.

L. Esquieu. — *Devisaire breton.* Brest, impr. de la *Dépêche* (1911), petit in-8° ; id. (2° série) (1913).

L. Esquieu. — *Notes pour un Devisaire normand.* Paris, Société héraldique de France (1913), in-8°.

DEVISAIRE BRETON

PAR

L. ESQUIEU

A bien viendra par la grâce de Dieu. — De Coetmanach.

Abundantia in turribus tuis (*Que l'abondance règne dans tes tours*). — De Coetnempren. — *D'argent, à trois tours crénelées de gueules.*

A cettuy-ci, à cettuy-là, j'accorde les couronnes. — De Goulaine. — (Voy.: *De cettuy-ci*, etc., 1ʳᵉ série).

Achard, hache! (*cri*). — Achard de Bonvouloir. (O. de Normandie).

A découvert. — De Penancouët de Kérouazle.

Ad honorem semper (*Toujours à l'honneur*). — Drouët de Montgermont. — *De gueules, à trois cœurs d'or, 2 et 1; et une rose du même en abîme.*

A Dieu mon âme, au roi mon sang. — Testard du Cosquer.

Adjuvat Deus facientes (*Dieu aide ceux qui agissent*). — De Laubier (O. de Saintonge).

Adversitate virtus refulget (*Le courage brille par l'obstacle*). — Grandin de Rambouville (O. de Normandie).

Agitato sempre, mai abbattuto (*Toujours secoué, jamais abattu*). — Pradier, secrétaire général du Morbihan.

Aides Dieu. — D'Aubert (?) (O. du Maine).

Aime Dieu. — Mgr Alain de Kérouzeré, évêque de Saint-Pol de Léon (1443 + 1445).

Aimer, louer, honorer Dieu. — Richard.

A la bonne heure nous prit la pluie. — De Rohan-Gié.

A la bonne ville, bonne nouvelle. — De Faucigny-Lucinge (O. de Savoie).

A la fé! — Mgr François d'Argouges, évêque de Vannes (1687-1716).

A la grâce de Dieu. — Le Goazre de Toulgoët-Tréanna. — *Ecartelé aux 1 et 4: d'argent, à la croix pattée de sinople, cantonnée de quatre molettes de sable; aux 2 et 3: d'argent, à une mâcle d'azur.*

Amator fratrum et populi Israel (*Chérissant ses frères et le peuple de Dieu*). — Mgr Félix Fournier, évêque de Nantes (1870-1877).

A ma vie. — De Lorgeril.

A moi ne tienne. — Thiercelin de Brosse.

Amore et ardore (*Pour* ou *avec amour, par passion*). — De Talhouët de Brignac.

Amore levius (*Facilement par amour*). — Mgr J.-F.-M. Le Pappe de Travern, évêque d'Aire (1754-1842).

Amour et vérité. — Du Boisguéhéneuc.

An dir na dor ket (*L'acier ne casse pas*). — Yves Le Moal: barde Dir-na-dor.

Anima mea Domino et vita mea regi (*Mon âme à Dieu, ma vie au roi*). — Le Pontois (O. de Normandie).

Antiquo fœdere nostra (*Notre (ou à nous) par un pacte ancien*). — Jeton de René-François, marquis de

Menou, maréchal de camp en 1748, lieutenant du Roi au château de Nantes en 1751.

An tud quenta a oa er bed, a oa Guicaznou ha Kerret (*Les premières personnes de la terre furent les Guicaznou et les Kerret*). — Dicton.

A patre et avo (*Par père et grand-père*). — C'est à tort que cette phrase est parfois notée comme une devise: elle constitue une simple formule relative à la noblesse acquise: *a patre et avo consulibus*.

Aperit et nemo claudit. — Ville de Saint-Nazaire.

A perpétuité. — De la Bouexière.

Aquila non capit muscas (*L'aigle ne prend pas les mouches*). — Mgr L.-J.-J. d'Andigné de Mayneuf, évêque de Nantes, 1819-1822. — (Devise de famille.)

A quo trepidabo (*Par qui je tremblerai*). — Mgr Pierre-Vincent Dombidau de Crouseilhes, évêque de Quimper, 1805-1825. — (Devise attribuée après sa mort, allusion au lion de ses armes.)

Araok! (*En avant!*) — Société des « Bleus de Bretagne ».

Araok ma voa aotrou e nobleac'h, e zoa eur March'ec e Kergournadeac'h (*Avant qu'il y eut monsieur ou seigneur en aucune maison, il y avait un chevalier à Kergournadec'h*. — (Dicton.)

Arda para subir (*S'il brûle c'est pour monter*). — De Vignerot du Plessis-Richelieu (O. du Poitou).

Ardent et fidèle. — De Reviers de Mauny (O. de Normandie). — *D'argent à six losanges de gueules, 3, 2, 1.*

Ardere potius quàm perjurare (*Brûler plutôt que se parjurer*). — Delage de Luget (O. d'Anjou). — *D'azur à trois rochers de six coupeaux d'argent flambants d'or, au chef componé d'or et de gueules de six pièces.*

Arduis superiores (*Supérieurs aux difficultés*). — De Keroas. — *De gueules à la montagne d'or, surmontée de deux lions affrontés, aussi d'or.*

Arduum et carduum (*La difficulté et le chardon*). — Léon Durocher, homme de lettres.

Ar gwir eneb ar bed (*La vérité (ou le droit) à la face du monde (ou contre le monde)..* — Gorsedd des Bardes.

Ar mêmés (*Les mêmes*). — Geffroy de Villeblanche.

Armé pour le roi. — De Pierre de Bernis.

Armis protegam (*Par mes armes je la protègerai*). — Des Nouhes (O. du Poitou). — *De gueules à la fleur de lys d'or.*

Ascende (*Monte*). — De Chabre (O. d'Auvergne).

Ascendet (*Il montera*). — Jocet de la Villeneuve. — *D'azur à l'écureuil d'or.*

Arte et Marte (*Par la sagesse et par la force*). — De Marcé.

A soy qui peult. — Blocquel de Wismes (O. d'Artois).

Aspice non retro (*Ne regarde jamais en arrière*). — Rocquet de la Tribouille. — *D'azur, à trois rocquets d'argent.*

Aspre à faillir Montaigu. — De Montaigu (O. d'Auvergne).

Assez à temps. — Le Vayer du Gripel.

Atau leal (*Sans cesse loyal*). — De Couëssin de Kergal.

A tout dix (*A tout fidelle chrestien, il faut observer les dix commandements de Dieu*). — Ellouri ou Hélory de Kermartin. — (*Armorial breton* de Guy Le Borgne).

A touz diz (*A toujours*). — Hélory de Kermartin. — (*Saint-Yves*, par Ch. de la Roncière).

Atouzditzellouri. — Ellouri ou Hélory de Kermartin. — Cette devise, qui figure ainsi, paraît-il, sur le testament de Saint-Yves, conservé au Minihy, se lit en français: *A touz ditz Ellouri* (A toujours Ellouri), et en breton: *Ato uz dit zellou ri* (Toujours au-dessus de toi fais des regards (regarde). Cette dernière forme serait la vraie. — (L. Le Guennec, *in Fureteur breton*, n° 43, 1912, p. 18).

A tous. — Vauquelin de la Rivière (O. de Normandie).

Au bruit! — De Molac.

Auctius (*En croissant*). — De Roujoux.

Audenti succedit opus (*Le succès est à l'audacieux*). — Du Verger.

Au devoir toujours fidèle. — De Kerpezdron.

Aultre n'arai. — De Coëtmen.

Au plus dru! — De Kergorlay.

Aut Cæsar aut nihil (*Ou César ou rien*). — Charles de Blois, sur ses médailles.

Auxilium a montibus (*Secours venant des monts*). — De Montandoüin (O. de l'Orléanais).

Avec l'aide de Dieu, pour la Patrie. — Association Bretonne-Angevine.

A vero bello Christi (*Depuis la vraie guerre pour le Christ*) [Croisade de 1248]. — De Bouillé (O. d'Auvergne).

Ave spes unica (*Salut, unique espérance*). — Archevêché de Rennes.

Aviendra par la grâce de Dieu. — De Coatmanac'h.

Aye foy. — De Grouchy (Normandie et Bretagne).

Beaumont! Beaumont! (*cri*). — De Beaumont (O. du Dauphiné).

Bellicæ virtutis præmium (*Gage de valeur guer-
rière*). — Guesdon de Beauchesne. — *D'azur, à deux
épées d'argent garnies d'or, passées en sautoir, la
pointe en haut, accompagnées en chef de trois roses
d'or.*

Bellicæ virtutis præmium. — Des Plas (O. du
Quercy). — *D'azur, au lion d'or, couronné du même,
lampassé de sable, armé de gueules, accompagné de
neuf besants d'or rangés en orle.*

Bene paratum dulce (*Agréablement paré*). — Car-
negy-Balinhàrd (O. d'Ecosse).

Bepred (*Toujours*). — Union régionaliste bretonne
(U. R. B.). — Corps: *Un écusson herminé.*

Bepred breizad petra bennag (*Toujours Breton
quand même*). — Le Bartz.

Bepred breiziz (*Toujours Bretons*). — Société du
Théâtre populaire de Carnoët.

Bepred youanck (*Toujours jeune*). — J. Allanic.

Bepret (*Toujours*). — De Penmarc'h du Bourgneuf.

Bien me guide. — De Serizay de Grillemont. —
*Ecartelé: aux 1 et 4, d'azur, à la fleur de lys d'argent
accompagnée de trois roses d'or; aux 2 et 3, d'argent,
à trois guidons de gueules.*

Bois ton sang, Beaumanoir! — Du Bouays de la
Bégassière.

Bon chrétien. — De Perrien de Crenan.

Bon espoir. — René du Dresnay, chef des ligueurs.

Bon espoir. — De la Chapelle de Vausalmon.

Bougre net de bougrerie. — De Bougrenet de la
Tocnaye.

Boute-loup. — A. Bouteloup, imprimeur à Redon.
— Corps: *Un chasseur boutant un loup à terre d'un
coup d'épieu.*

Breizad bepred petra bennag (*Breton toujours, quand même*). — Le Bars ou Bartz (Bretagne et Languedoc).

Breiz da virviken (*Bretagne à jamais*). — Edouard Le Marant de Kerdaniel, sur son ex-libris.

Breiz da virviken. — Le *Pays d'Arvor*, revue bretonne publiée à Nantes.

Bretagne! (*cri*). — D'Acigné.

Brétoun! *et:* Foy de Bréhan. — De Bréhan de Plélo, diplomate (1699 + 1734).

*
* *

Candida candidïs (*La blanche aux blancs*). — Claude de Bretagne.

Candidior cygnis (*Plus blanche que les cygnes*). — Davy de Cussé. — *D'azur, au chevron d'argent, accompagné de trois cygnes d'argent ; au chef de gueules, chargé d'une croix pattée et alaisée d'argent.*

Candore et ardore (*Pureté et ardeur, ou: Loyauté et courage*). — De Reviers de Mauny (O. de Normandie). — *D'argent, à six losanges de gueules, 3, 2, 1.*

Capiam aut mergor. — Collas de la Motte. — (Devise à substituer à: Capiam aut mereor, qui me paraît fausse.)

Caritas nunquam excidit (*La charité ne fait pas de distinction*). — Mgr du Fou, évêque d'Angoulême en 1472, et d'Evreux en 1479.

Caveant! (*Qu'elles veillent!*) — Hémery de Cavan. — *D'or, à trois chouettes de sable, becquées et membrées de gueules.*

Cave spinis (*Gare aux épines!*) — Bacon de Sains (O. de Normandie). — *De gueules, à six fleurs d'aubépine percées d'or, 3, 2, 1.*

Celtica negata negatur orbis (*Nier l'importance de la langue celtique, c'est nier l'existence du monde*). — Le Brigant (de Pontrieux), linguiste.

Certè (*Certainement*). — Du Pontavice.

C'est à jamais ! — Du Puy du Fou de Champagné. — *D'hermines au chef de gueules.*

Chacun a sa vue. — Gauthier du Poulladou. — *D'or, à une chouette de sable, becquée et membrée de gueules, accompagnée de trois molettes du même.*

Chacun est libre de faire ce qu'il veut. — Pierre Robard, sénéchal de Bourgneuf (Loire-Inférieure), 1660.

Charité, valeur, loyauté. — De Bourmont de Ghaisne (Maine, Anjou, Bretagne).

Châteaubriand ! (*cri*). — De Châteaubriand.

Chaud mont. — De Chaumont (O. de Paris). — *D'argent au mont de sable, fumant de gueules.*

Chevaliers pleuvent ! (*cri*). — Le Gall de Kerlinou.

Cœlestis origo (*Origine céleste*). — De Berthier de Sauvigny (O. de Bourgogne).

Cogito ergo sum (*Je pense, donc je suis*). — René Descartes, philosophe.

Cognoscat ex ungue leonem (*Qu'on reconnaisse le lion à sa griffe*). — De Ranguendy.

Cominus et eminus (*De près et de loin*). — D'Augustin de Bourguisson (O. du Berry). — *De sable, à la fasce d'argent, accompagnée de trois hérissons d'or, 2 et 1.*

Concussus resurgo (*Frappé, je rebondis*). — De Chabot (O. du Poitou).

Conjungant caritas, candor, concordia corda (*Que l'amitié, la droiture, la concorde joignent nos cœurs*). — Société de « La Concorde ». — « Société académique de Vannes », projetée en 1757. — Corps: cinq *C* entrelacés, dans une couronne de roses.

Consilio et gladio (*Par la parole et par l'épée*). — Collin de la Contrie.

Constans, sincerus, ardens. — **De Douglas** (O. d'Ecosse).

Constanter et fortiter (*Avec constance et force*). — **Comte de Busnel**.

Contre fortune bon cœur. — **Garnier des Garets** (O. de Bourgogne).

Countant euz nebeut (*Content de peu*). — E. Lauc, bibliophile.

Craignez la dernière. — Sur un cadran solaire breton.

Crains, aime Hay. — **Hay des Nétumières** et de Bonteville.

Crede mihi (*Fiez-vous à moi*). — **Huon de Kermadec**.

Créquy haut baron! Créquy haut renom! — **De Beaucorps-Créquy** (O. de Saintonge).

Crescendo (*En croissant*). — **De Masmontet** (xviie siècle). — *D'azur, à trois croissants d'argent.*

Cruce et aratro (*Par la croix et la charrue*). — **Dom J.-M. Hercelin**, né à Saint-Congard, en Bretagne, abbé de la Grande-Trappe en 1834. — *Coupé: au 1, d'azur, à la croix alaisée d'argent; au 2, de gueules, à la charrue aussi d'argent.*

Crux spes mea et munimen (*Croix, mon espérance et mon soutien*). — **De Coatgoureden**.

Curvata resurgo *(Courbée, je me redresse)*. — H. Vatar, imprimeur à Rennes. — Corps: *Un palmier.*

*
*
*
**

Dahl mat! (*Tiens-bon!*) — Renan-Saïb, directeur du *Clocher Breton*, à Lorient.

Da l'ardor l'ardire (*C'est l'ardeur qui enflamme*). — De Combles de Nayves (O. de Lorraine).

Dat Deus incrementum (*Dieu nous donne accroissement*). — De Lally-Tollendal (O. d'Irlande).

Dalc'homp d'hor brezounek (*Tenons à notre breton*). — Ce devrait être la devise de tous les Bretons. — (Dialecte de Léon).

Dalle ceneri sue ogni or rinasce (*Il renaît tout entier de ses cendres*). — De Baciocchi (Gênes et Corse). — *D'or, au pin de sinople, fruité de trois pièces d'or, issant d'un brasier de gueules.*

De bien en mieux. — De Kergadiou.

De bien en mieux. — De Kérouallan.

De bons champs sortent les bons fruits. — De Bonchamps (Anjou et Normandie).

Défends-toi! — Ville de Piré (Ille-et-Vilaine). — *D'or, à la hure de sanglier de sable, arrachée de gueules et défendue d'argent.* — Armes et cri empruntés aux Rosnyvinen, anciens seigneurs de Pire.

Défends-toi! — De Kerancouat.

Dei ac regis hic antiquus amor (*De tout temps cet amour de Dieu et du roi*). — Briot de la Mallerie de la Crochais (O. d'Irlande). — *De gueules, au chevron d'argent, accompagné de deux croix pattées d'or en chef et d'une tête de léopard en pointe.*

De Lorgeris l'honneur chéris. — De Lorgeril.

De mieux en mieux. — Roulleaux, industriel à Rennes.

Deo duce comite gladio (*Dieu pour guide, mon épée pour compagne*). — De la Roche-Fontenilles (Bretagne et Guyenne).

Deo duce, ferro comite. — De la Roche-Fontenilles (Bretagne et Guyenne).

Deo, fide, patria (*Dieu, foi, patrie*). — Ruinart de Brimont (O. de Champagne). — *D'azur, au chevron d'or, accompagné de deux étoiles d'argent en chef et d'un cœur du même en pointe; au chef d'or, chargé d'une rose de gueules.*

Deo non fortuna (*Par Dieu, non par hasard*). — Pelleu du Champ-Renou. — *D'azur, à deux étoiles d'or en chef et un croissant du même en pointe.*

Deo, regi (*Pour Dieu, pour le roi*). — Le Boucher d'Hérouville (O. de Normandie).

Deo regique fides impavida (*A Dieu et au roi fidélité absolue*). — Hutteau d'Origny.

Deo soli (*A Dieu seul*). — De Messey (O. du Charolais).

Deo, virtute et unguibus potens (*Puissant, grâce à Dieu, ma valeur et mes griffes*). — De la Grandière (O. d'Anjou). — *D'azur, au lion d'argent, armé, couronné et lampassé de gueules* (aliàs *d'or*).

De part en part. — Dom Cyprien Morel, abbé de N.-D. de Thymadeuc (dioc. de Vannes), en 1860. — Corps: *un cœur percé d'une flèche.*

De peu assez. — Mgr J.-M.-D.-J. de Poulpiquet de Brescanvel, évêque de Quimper, 1824-1840. — (Devise de famille).

Depressus extollor (*Penché, je me répands*). — De Butler (O. d'Angleterre). — *De gueules à trois coupes couvertes d'or.*

Desloge qui gêne. — Desloges de la Mulinière (O. de Bourgogne?)

Deus dat: sum quod sum (*Grâce à Dieu, je suis ce que je suis*). — Le Bel de Penguilly.

Deus nobiscum (*Dieu soit avec nous*). — De Douglas (O. d'Ecosse).

Deus rex (*Dieu, le roi*). — Garnier de la Villesbret (O. de Champagne).

Devoir et loyauté. — Lefrançois, négociant à Rennes.

Dieu (ou Diex) avant. — De Kermavan ou Carman.

Dieu avant. — Buet de Rosselin (O. du Poitou).

Dieu avecque, qué contre? — Du Bois de Maquillé (O. du Maine).

Dieu ayde. — Bahon-Rault, libraire-éditeur à Rennes.

Dieu de nos pères, toujours. — De Lisle du Dréneuc et du Fief.

Dieu en ayde. — De Dion (O. du Brabant).

Dieu en soit la garde. — De Brigode (O. de Flandre).

Dieu est juste. — De Saint-Gilles.

Dieu et le roi. — De Griffon-Sénejac (O. de Saintonge). — *D'azur, au griffon d'argent.*

Dieu et le roi. — Gravoil du Tertre.

Dieu et mon droit. — De Hillerin.

Dieu me tue (*Dieu me garde*). — Lesireur.

Dieu moi aide. — Mgr Mathias Le Groing de la Romagère, évêque de Saint-Brieuc (1819-1841).

Dieu y ait part. — Chellet de Kerdréan.

Diex avant. — De Kermainguy.

Diex avant. — De Kermavan, Kerman ou Carman.

Diex el volt. — De Broc (O. d'Anjou).

Diex el volt. — De la Tour d'Auvergne de Bouillon.

Dignius adde tuis quod tibi nomen avos. — D'Audiffret (O. du Piémont).

Dissimule et te tais. — Pavic.

Domat indomitos (*Il dompte les indomptables*). — Pour Olivier de Clisson. — Corps : *Un joug.*

Domine, ad adjuvandum me festina (*Seigneur, hâtez-vous de me secourir*). — De Dion (O. du Brabant).

Dominus in circuitu (*Dieu, mon rempart*). — De Pontchasteau.

Don ac'h mor Doue araok (*Dieu [était] avant la mer profonde*). — Le Grontec.

Doué araog (*Dieu avant tout*). — Tiengou des Royeries.

Doué araok (*Dieu avant tout*). — De Carmoy.

Doué, Arvor e pep lealded *(Dieu et Armor en toute loyauté*). — Barde Evnig-Arvor (François Caurel, secrétaire-archiviste de l'U. R. B.)

Doué, Arvor ha ma zelen (*Dieu, Armor et ma harpe*). — Barde[sse] Koulmig-Arvor (*Colombe d'Armor*) (Mlle Philomène Cadoret).

Doué ha Breiz (*Dieu et Bretagne*). — Barde Ar Yeodet (Auguste Boscher).

Doué hag Arvor (*Dieu et Bretagne*). — Le Gall de Kerlinou.

Doué ha mem bro (*Dieu et mon pays*). — De Cadoudal (donnée par Louis XVIII).

Douglas au cœur fidèle. — De Douglas (O. d'Ecosse). — *D'argent, au cœur sanglant, surmonté d'une couronne royale; au chef d'azur, chargé de trois étoiles d'argent.*

Dourm houarn ha brec'h dir (*Main de fer et bras d'acier*). — De Carné.

Dre ar mor (*Au delà des mers*). — Missirien.

Dre nerz Doué (*Par la force de Dieu*). — Plaine du Molay-Bacon (O. de Normandie).

Droits désirs. — Thomas de Saint-Mars.

Droits en désirs. — Le Bihan.

Droiture et Union. — Tanguy de Kerobezan.

Duc ne daigne, roi ne puis, Rohan suis. — De Rohan.

Dum spiro spero (*Tant que je respire j'espère*). — Bouvier de la Motte de Cépoy (O. de l'Orléanais).

Duro dulcique animo (*D'un cœur ferme, mais doux*). — Dureau de la Malle (xix⁰ siècle).

Dux Philippus mihi dedit (*Le roi Philippe me les a données*). — Bertrand de Molleville. — (*Fleurs de lys dans ses armes*).

Dux virtute fui, sum, eroque (*Par ma valeur, chef je fus, suis et serai*). — De Chefdebien.

Dy nam (*Sans tache*). — Du Bourgblanc.

Ecclesia insignis et armis (*D'Eglise ou d'épée, toujours se distingue*). — Hubert de la Massue.

Elech ma zomp e zomp (*Nous sommes où nous sommes*). — Georges, chef de chouans.

El piu fedele (*Le plus fidèle*). — D'Elbène (O. de Florence).

En arrousant. — De Laigue (O. du Dauphiné). — *De gueules, semé de larmes d'argent, à trois trangles ondées du même en chef.*

En attendant mieux. — De Goesbriand.

En avant! (*cri*). — De Kerlouet ou Keranlouet.

En avant! — Ameil (O. du Bourbonnais).

En bon chrestien. — De Kergariou.

En bonne heure. — De Kergroas de Penvern.

Encore ne me tenez. — De Bussy de Bizay (O. d'Anjou).

En Dieu me rassure. — Gouret.

En elles je mets espoir. — Garnier de la Villesbret (O. de Champagne). — *D'argent, à trois haches d'armes de sable.*

En peb emser Quelen (*En tout temps Quélen*, ou: *En tout temps instruire*). — De Quélen. — En breton: *Quelen = houx* et *kelen = instruire*, ou mieux: *faire du prosélytisme.*

Ense ardet (*Il brille* ou *il est aiguillonné par l'épée*). — Ansart du Fiesnet (O. d'Artois). — *De sable, à deux épées d'argent, traversant en sautoir un cœur de gueules posé en abîme.*

En tout avec mesure. — Couespel du Mesnil (O. de Normandie).

E pep hent lealdet (*En tout chemin loyauté*). — Carron de la Carrière (O. de Picardie). — Corps: *Une hermine.*

Equabo si faveas (*J'égalerai si tu me favorises*). — De Cossé-Brissac (O. d'Anjou).

Errat qui male putat (*Se trompe qui mal pense, ou compte*). — D'Arras (O. de Calais).

Espérance. — De Bourbon de Lignières (O. du Bourbonnais). — *D'azur, à trois fleurs de lys d'or, à la cotice de gueules périe en bande; au chef de Jérusalem.* Tenants: *Deux anges.*

Esse quàm dici (*Etre plutôt qu'être dit*). — Robin de la Tremblaye (Berry et Bretagne).

Et cœlo et solo chele (*Il réunit le ciel et la terre*). — Chellet de Kerdréan. — *De gueules, à trois croissants d'argent, brisé en chef d'un écu en bannière d'azur, chargé de quatre mâcles d'or.*

Et habet sua munera virtus (*Et le courage a sa récompense*). — Des Salles des Rozais, de la Ville-Hamon.

Et moi. — Le Goarant de Tromelin.

Et puis après! — Gyp (comtesse de Martel, née au château de Koëtsal (Morbihan), vers 1850, Sibylle-Gabrielle-Marie-Antoinette de Riquetti-Mirabeau).

Evel eur garrek (*Comme un rocher*). — Léon Durocher, homme de lettres.

Evid Doué hag ar vro (*Pour Dieu et mon pays*). — Navire *Le Finistère*.

Evit Doué, evit Breiz (*Pour Dieu, pour la Bretagne*). — Comité de la statue de Nominoë.

Ex alta pinu (*Du haut du pin*). — Pinon (O. de l'Isle de France). — *D'azur, au chevron d'or, accompagné de trois pommes de pin du même.*

*
* *

Face partout avec l'aide de Dieu! (*cri*). — Du Chastel de Trémazan.

Fac mihi quod tibi vis (*Fais pour moi ce que tu voudrais que je fasse pour toi*). — Légende du contre-sceau de Robert Ier, évêque de Nantes (1170-1194).

Faictes sur toutes choses que Dieu soyt le mieulx aymé. — La bienheureuse Françoise d'Amboise, duchesse de Bretagne.

Faire sans dire. — Le Barbier de Tinan.

Fais ce que dois. — Le Forestier de Quillien. — Supports: *Un lion et un levrier.*

Fais ce que dois. — De Chalus (O. du Bas-Maine).

Fais ce que dois, advienne que pourra. — De Courson.

Fais ce que dois, adyienne que pourra. — Girard de Châteauvieux (O. du Dauphiné).

Fais que dois, advienne que pourra. — De Wolbock (O. du duché de Gueldres).

Fais toujours ce que tu as peur de faire. — De Guéméné.

Faith and truth (*Foi et Vérité*). — Artur de la Villarmois (O. de Normandie).

Feiz ha Breiz (*Foi et Bretagne*). — Leseleuc de Kérouara.

Feiz ha Breiz. — Barde Klaoda (Claude Le Prat).

Ferro cadit aurea messis (*Sous le fer tombe la moisson dorée*). — De Ferron du Chesne.

Festina lente (*Hâte-toi lentement*). — De la Roche-rousse.

Fide et charitate (*Par la foi et la charité*). — Mgr Louis-Marie-Ollivier Espivent de la Villesboisnet, évêque d'Aire en 1859.

Fide et opere (*Par paroles et action*). — Du Menez.

Fidei tenaces (*Constants dans leur foi* ou *fidélité*). — Guyot de Salins.

Fidèle sous la garde de Dieu. — De Ferré de Peroux (O. du pays de Galles). — *De gueules, à trois fleurs de lys d'or, 2 et 1, à la bande du même.*

Fidelis etiam solus (*Fidèle, même si je suis seul*). — Marraud des Grottes (O. de l'Orléanais).

Fidelis semper (*Toujours fidèle*). — Le Gac de Lansalut et de Corran.

Fidelitas. — De Rubercy.

Fidelitate et armis (*Par ma fidélité et mes armes*). — Guérin de la Houssaye (ou de la Rousselaye?)

Fidelitate et diligentia (*Par ma fidélité et mon empressement, ou attachement*). — Fouquet de la Varenne (O. d'Anjou).

Fideliter et constanter. — De Busnel.

Fidem serva et honorem (*Garde ta foi et ton honneur*). — De Montenon.

Fides ac virtus. -- Brochard de la Roche-Brochard (O. du Poitou).

Fides Brientensium (*Foi de Bréhant*). — De Bréhant.

Fides dum vivam (*Fidélité tant que je vivrai*). — Pépin de Bellisle.

Finis coronat opus *(La fin couronne l'œuvre)*. — De la Borderie (O. de Normandie).

Firma fide (*Par durable fidélité*). — Galzain de Calsins (O. du Languedoc).

Firmus ut cornus (*Dur comme le cornouiller*). — De Cornulier. — (Par erreur, on dit souvent: *ut cornu* (*comme la corne*), à cause du rencontre de cerf qui figure dans les armes. Mais cette forme s'éloigne de l'origine de la devise qui est allusive au nom des Cornulier (anciennement *Cornillé*).

Firmus ut rupes (*Dur* ou *solide comme roc*). — De Trégomain.

Flam var vor ha var zouar (*Brillant sur terre et sur mer*). — Denis de Keredern de Trobriant.

Florent (ou florebunt, ou floruit) sicut lilium (*Ils fleurissent, ou fleuriront, ou il a fleuri comme le lys*). — De Kersaintgilly. — *De sable à six trèfles d'argent, 3, 2 1.*

Flos crescentis ad sidera (*Fleuron de qui s'élève vers les astres*). — De Brullon.

Flos florum, eques equitum (*Fleur des fleurs, chevalier des chevaliers*). — Le Barrois d'Orgeval (O. de Normandie).

Folium non defluet unquam (*La feuille n'en tombe jamais*). — D'Estienne d'Orves (O. de Provence). — Cimier: *Une aigle d'or tenant en son bec une branche de chêne feuillée du même.*

Fors Dieu nulle crainte. — Huon de Penanster. — Supports: *Un lion à dextre, une aigle à senestre.*

Fortes in bello, in fide fortiores (*Héroïques à la guerre, plus héroïques dans leur foi*). — Devise des anciens Bretons.

Fortis eris dederit si fraxinus hastam. (*Tu seras fort si le frêne te donne une solide lance*). — Macé-le-Lièvre. — *D'argent, à trois rameaux de frêne de sinople.*

Fortis et dives (*Fort et riche*). — Le Riche de Breuilhpont (O. du Poitou). — *De gueules, au coq d'argent, posé sur une chaîne d'or mise en fasce, ayant la patte dextre levée et fixant une étoile d'or posée au canton dextre du chef.*

Fortis et fidelis (*Fort et fidèle*). — De Douglas (O. d'Ecosse).

Fortis et paternus (*Fort et paternel*). — De Saint-Pern.

Fortis ut leo, mitis ut columba (*Fort comme un lion, doux comme une colombe*). — De Kerret. — *Ecartelé: aux 1 et 4, d'or, au lion de sable, chargé d'une cotice de gueules; aux 2 et 3, d'argent, à deux pigeons adossés d'azur, s'entrebecquetant.*

Fortiter (*Courageusement, ou solidement*). — Maillard de la Gournerie. — *D'azur, au sautoir alaisé d'or, cantonné en chef et en flancs de trois maillets du même, et en pointe d'un lion d'argent, lampassé de gueules.* Supports: *Deux lions.*

Fortiter pergo (*Je marche toujours courageusement*). — De Behr (O. du Hanovre). — *D'argent, à l'ours passant de sable.* — En allemand, *beer = ours.*

Fortitudini (*Au courage, ou à la force*). — De Gouvello. — *D'argent, au fer de mulet de gueules, accompagné de trois molettes du même.* — Gouvello = des forges.

Foy, cœur, vaillance, font sage jouvence. — « Jeunesse catholique », groupe de Rennes.

Foy de Bréhant vault mieulx qu'argent. — De Bréhant.

Franc au roy suis. — D'Arthuys (O. d'Angleterre).

Franc et fidèle. — De Talhouët.

Franc et léal. — De la Rochette.

Franc et loyal. — De Valleton (O. d'Angleterre).

Franc et loyal. — Chicoyneau de Lavalette (O. du Blésois), substitué au nom de Coëtlosquet.

Franc et loyal. — Salaün de Kertanguy. — *D'argent, à la hure de sanglier arrachée de sable, allumée d'argent, surmontée d'une couronne ducale d'or.*

Frappez la terre du talon, il en sortira un Goyon (*dicton*). — Goyon ou Gouyon de Beaufort.

Frappez un buisson, il en sortira un Kersauson (*dicton*). — De Kersauson.

Fulserunt, fulgebrunt (*Elles brillèrent, elles brilleront*). — Du Mans de Chalais (O. du Maine). — *D'or, à la fasce de gueules, chargée de trois étoiles d'argent, accompagnée en pointe d'une merlette de sable.*

Gallo fortissima cedunt (*Les plus forts cèdent au coq*). — Coquebert de Neuv_le (O. de Champagne). — *De gueules, à trois coqs hardis d'or, 2 et 1.*

Gare la queue de Bérenger, ne s'y frotter qu'elle ne pique (*dicton*). — De Bérenger (O. du Dauphiné).

Gare la queue des Allemand et des Bérenger! (*dicton*). — De Bérenger.

Genio et ingenio (*Par esprit et habileté ou travail*). — De Beausse (O. d'Anjou). — *D'azur, à la fasce d'or, chargée de deux étoiles du champ, accompagnée en chef d'une gerbe de blé d'or, liée de gueules, accostée de deux épis d'or, et en pointe d'un croissant d'argent, surmonté d'un cœur d'or.*

Gloriæ majorum (*A la gloire de nos pères*). — Académie celtique (1805-1814).

Gloria virtutis umbra (*La gloire est l'ombre de la valeur*). — Angier de Lohéac.

Gowlenech! (*cri*). — De Goulaine. — « On propose de traduire ainsi: Goulen, *demande*, an-n'ech, *en haut.* » (H. Tausin: *Dict. des Devises*, supplément).

Gradatim celsa infractus (*Il a franchi par degrés les hauteurs*). — Du Crest de Villeneuve (O. de l'Isle de France).

Grandis tibi restat via (*Tu as devant toi une noble tâche*). — Mgr F.-M.-H.-Ag. Pellerin, né à Quimper, évêque de Biblos en 1849. — *De sinople, au chemin tortueux d'argent en pal, accompagné de croisettes de sable plantées aux tournants.*

Haec soli gestant insignia fortes (*Les forts seuls portent de telles armoiries*). — Du Boisboissel.

Hag arok! (*Allons, en avant!*) — Le *Breton de Paris*, journal hebdomadaire, organe de la Société des Bretons de Paris.

Hardy! Pantin, en avant! (*cri*). — Pantin de la Guère (O. d'Anjou). — *D'argent, à la croix de sable, cantonnée de quatre molettes d'éperon à cinq rais de gueules.* Tenants: *Deux anges.*

Haud diffidit qui decipitur (*Ne se défie qui est dupé*). — D'Audiffret (O. du Piémont).

Heb chang (*Sans changer*). — Ville de Pont-l'Abbé. — (Devise fausse, voir: *Hepken.*)

Hepken (*Sans plus*). — Ville de Pont-l'Abbé. — *De gueules au lion d'or.* (Malte-Brun dit: *d'or au lion de gueules*),

He plaa, Diu t'ayudi (*Fais bien [et que] Dieu t'aide*). — De Laussat (O. du Béarn).

H. I. C. vincit (*Ceci donne la victoire*). — Le Gouz (passée en Bourgogne). — *De gueules, à la croix endenchée d'or, cantonnée de quatre fers de lance d'argent.*

Hoc tegmine tutus (*Sous cet abri en sûreté*). — Du Bouëxic. — *D'argent, à trois pins arrachés de sinople, 2 et 1.*

Hoc virtutis iter (*C'est la trace de ma valeur*). — Le Gonidec.

Honneur et Patrie! (*cri*). — Du Parc.

Honneur suffit. — De Guernon (Irlande et Normandie).

Honorat non onerat (au lieu de *umbrat*. V. 1re partie). [*Cette charge*] honore et ne charge pas). — Jeton de Jean Régnier, maire de Nantes, 1674.

Honor et fides (*Honneur et foi*). — De Nantois.

Honor et fides. — D'Almont (O. de Champagne).

Honor et fides. — Marc'hec.

Honorificum munus (*Charge d'honneur*). — Echevins de la ville de Rennes.

Honor in terra, lo spirito in cielo (*Honneur sur terre, l'âme au ciel*). — De Leusse (O. du Dauphiné). — *De gueules, à deux brochets adossés d'argent, accompagnés de trois croix de Malte d'or, une en chef et deux en flancs.*

Honos, patria, fides (*Mon honneur, ma patrie, ma foi*). — Tanneguy du Chastel.

Hostes ad fœdera cogit (*Il contraint les ennemis à l'accord*). — Pour Ollivier de Clisson.

Humilité m'a exalté. — Mgr Guillaume Briçonnet, évêque de Saint-Malo (1493-1535).

*   *
*   *

Il a la main droite prompte et juste. — De Freslon de la Freslonnière.

Immota fides (*Fidélité inébranlable*). — De Royou.

Impavidus (*Intrépide*). — De Faucher (O. du comtat Venaissin).

In arduis amor (*Dans la peine, notre amour*). — Monastère de N.-D. de Thymadeuc, paroisse de Bréhan-Loudéac (Morbihan). — *Parti, au 1, de gueules, à la croix de calvaire d'or, accompagnée de 3 étoiles d'argent; au 2, d'azur à la Vierge-mère d'argent, au chef d'argent, chargé de trois mouchetures d'hermines de sable.*

In bono sit cor meum (*Que mon cœur soit dans le bien*). — Loys de Marigny.

Inconcussa fide (*Par ma fidélité inébranlable*). — Le Febvre de Laubrière. — *D'azur, au levrier passant d'argent, colleté de gueules, bouclé d'or.*

Incontaminatis fulget honoribus (*Il resplendit d'honneurs sans souillure*). — De Lally-Tollendal (O. d'Irlande). — Devise donnée par Louis XVIII).

In cruce robur (*Dans la croix ma force*). — Berthe de Pommery (O. de Picardie).

In cruce salus et vita (*Dans la croix le salut et la vie*). — Mgr H. Bazin, né à Saint-Aubin-du-Cormier (Ille-et-Vilaine), vicaire apostolique du Sahara et du Soudan. — *D'azur, à la croix latine fleuronnée d'or, soutenue d'un croissant d'argent et chargée en cœur d'un Sacré-Cœur de gueules; au chef d'argent, chargée de trois mouchetures d'hermines de sable.*

In Deo fiducia (*En Dieu ma confiance*). — Charil de Villanfray.

In Deo spes mea (*En Dieu mon espérance*). — De Jacquelot du Boisrouvray.

In Deo spes mea. — De Lancrau de Bréon (O. d'Anjou).

In fide fortiter (*Par ma foi, courageusement*). — De Foucaud.

In hoc signo vinces (*Par ce signe tu vaincras*). — De Botherel (du Plessis et de la Bretonnière). — *D'azur, au chevron d'argent, accompagné de trois croix pattées du même.*

In hoc signo vinces (*Sous ce drapeau tu vaincras*). — De Vasselot (O. du Poitou). — *D'azur, à trois guidons d'argent, la lance d'or, bordés de sable, 2 et 1.*

In labore salus (*Par le travail le salut, ou la prospérité*). — Cathrine, imprimeur-éditeur à Lorient.

In labore suavitas (*Dans le travail mon plaisir*). — Lucas de Montigny. — *D'or, au taureau passant de gueules, surmonté de trois roses du même en chef.*

Innocentia victrix (*Innocence victorieuse*). — Gourio du Refuge. — Cimier: *Un jeune enfant étranglant deux serpents.*

In praeliis promptus (*Prompt, ou exposé aux combats*). — Mgr Jean-Baptiste-Joseph de Lubersac, évêque de Tréguier en 1775. — *De gueules, à un loup passant d'or.* — (Armes et devise de famille).

In quibus salus (*Par eux le salut*). — L. Chesnais, imprimeur à Redon. — Corps: *La croix entre deux branches de lys chargées, l'une d'un écusson portant d'azur aux deux Sacrés-Cœurs, l'autre un écusson herminé.*

In spem contra spem (*Espoir contre tout espoir*). — De Scépeaux (O. du Maine).

In sudore vultus tui vesceris pane tuo (*Tu mangeras ton pain à la sueur de ton front*). — Jean Bourrelier, imprimeur à Vannes (1597).

In te confido (*En vous mon espérance*). — De Bournat (O. du Bourbonnais).

In te Domine, speravi, non confundor (*En vous,

Seigneur, j'ai mis mon espoir, je ne serai pas confondu). — Robin de la Tremblaye (Berry, Bretagne).

In tenui labor (*Dans la simplicité, mon travail*). — Emile Pehant, bibliothécaire de la ville de Nantes.

Io la difesis (*Je l'ai défendue).* — Monnier de Bonacquet.

*
* *

J'ai bonne cause. — Le Gall de Kerlinou.

J'aime mon Dieu, mon roi, mon pays. — De Kerven ou Kerguen. — *D'azur au chevron surmonté d'une croix potencée et alaisée en chef et accompagnée de trois coquilles, 2 et 1, le tout d'argent.*

J'aime qui m'aime. — De Coëtantus.

Jamais hors de l'ornière. — De la Tremoïlle (O. du Poitou).

Jamais mesquin. — Bacciocchi (O. d'Italie).

J'arreste. — Jarret de la Mairie. — *D'argent, à la hure de sanglier de sable, arrachée de gueules.*

J'ayme qui m'ayme. — De l'Angle.

Je maintiendrai. — Le Coat de Kervéguen.

Je meurs où je m'attache. — De la Villeaucomte.

Je pique, je pique. — Du Houx de Kérigo. — *De gueules, à trois épées d'argent, la pointe en bas.*

Je tire ma force de mon sang. — De Bernon (O. de Bourgogne), passé en Bretagne vers 1328). — *D'azur, au lion d'or armé et lampassé de gueules. Supports: deux ours.*

Joye sans fin à Goudelin. — De Goudelin.

Jungat stemmata virtus *(Que ma valeur égale ma noblesse!)* — De Bizemont (O. de Picardie).

Jus et bello virtus (*Le droit et le courage guerrier*). — Danguy de la Menais (?)

Just and valiant (*Juste et vaillant*). — De Lally-Tollendal (O. d'Irlande).

Juste ac fortiter. — Brosset de la Chaux (O. de Normandie).

Justitia est potentia regum (*La justice est la puissance des rois*). — Camus de la Guibourgère (O. de Bourgogne).

Justus et fortis (*Juste et fort*). — De Monistrol (O. du Velay).

Juvante me ne immineris (*Avec mon aide tu résisteras*). — Jean du Matz de Mathefelon, évêque de Dol en 1556.

Kalonec à drec'h pep tra (*Le courageux vainc toute chose*). — Charruel.

Keit a ma vezo buès en ounn, va c'houan a vezo evit ar bro (*Tant que la vie sera en moi, ma pensée sera pour mon pays*). — Pitre-Chevalier, écrivain.

Kenkis! (*Plaisance!*) (*cri*). — Tiengou des Royeries.

Kent mervel eguet loussaa, ou: Kent merwel nâ loussaâ. — *La Bretagne*. — Traduction peu usitée de: *Potius mori quàm fœdari*.

Kentoc'h terri eget plega (*Plutôt rompre que plier*). — De Carné. — (Devise la plus usitée).

Kergorlay! (*cri*). — De Kergorlay.

Ki sen don doune et puis le plaint, le graze de sen don restraint (*Qui son don donne et le regrette ensuite, diminue la valeur de son don*). — De Dreux-Bretagne. — Jeton du XIVe siècle.

Kristen ha breizad da virviken (*Chrétien et Breton toujours*). — Barde Barz-an-Arvor (comte Adrien de Carné).

Labor improbus omnia vincit (*Un effort soutenu vient à bout de tout*). — Guyot de la Pommeraye (O. de Paris).

Labor improbus omnia vincit. — Baillardel de Lareinty (O. de Normandie). — *D'azur, au Pégase d'argent, accompagné en chef de deux épées du même, garnies d'or, posées en sautoir, et en pointe d'une fourmi aussi d'or.*

La Gane qui gagne. — Rougier de Lagane.

Laissez dire. — De Nicolay (O. du Vivarais).

Lampeite kai eite. — Du Clos (Julien), imprimeur à Rennes, de 1568 à 1581.

Lapides quærit magnæ ossa parentis (*Elle cherche des pierres (ou matériaux) qui sont les os (ou la substance) même de sa mère*). — Académie celtique, en 1805.

Laus Deo (*Gloire à Dieu*). — Le Goazre de Toulgoët (branche éteinte). — *D'argent, à la croix pattée de sinople, cantonnée de quatre molettes de sable.*

Le alte non temo (*Je ne crains pas les hauteurs*). — Mme de Sévigné. — Corps: *Un aigle qui s'approche du soleil.*

Le Chariol! (*cri*). — De Bouillé.

Le cœur au ciel. — Du Bot de Launay. — *D'azur, à une croix alaisée d'or, chargée d'un cœur de gueules et accompagnée de trois croissants d'argent, 2 et 1, surmontés chacun d'une étoile d'or.*

Leiz ar kalon (*Plein le cœur*). — Le *Breton de Paris*, journal hebdomadaire, organe de la Société des Bretons de Paris.

Le monde n'est qu'abus. — Sur le tombeau de Jeanne de Commines, fille de l'historien et femme du comte de Penthièvre, 1514. — Corps: *Un globe, le mot « n'est » et un chou cabus.*

Lenitudo fortitudo comites (*Douceur et force mes compagnes*). — Guillou de Bochecat.

. Les Gibons et les Trécessons || Maisons vraiment de grand renom, || Mais bien connues dans le pays || Aussi pour leur galanterie. (*Dicton*). — De Gibon de Kérisouët et de Trécesson.

Le Tard ne tarde. — Letard de la Bouralière (O. de Poitou). — *D'azur à la bande d'or, chargée d'une tortue de sable.*

Le vrai seul est aimable. — De Laussat (O. du Béarn). — Sur un ex-libris.

Lex, patria (*La loi, la patrie*). — De Montluc (O. de Guyenne).

Lex tua super mel et favum (*La douceur de ta loi surpasse celle du miel*). — Monastère de la Trappe de Melleray.

L'homme de cœur surmonte à tout. — Charuel et Charruel du Guerlesquin. — (Voir: *Calonec a drec'h bep tra*).

Libertas (*Liberté*). — Guillaume-Eder de Beaumanoir, évêque de Quimper, 1540 + 1546.

Liberté, unité, égalité. — Représentant du peuple délégué près l'armée des Côtes-de-Brest.

Lilia sustinet virtus (*Ma valeur soutient les lys*). — De Rochefort (O. du Forez). — Parti: *au 1, coupé d'or au lion naissant de gueules, et d'azur à trois fleurs de lys d'or, 2 et 1; au 2, de vair plain.*

Litteris et armis (*Par les lettres et les armes, ou: Par la plume et l'épée*). — De Couët de Lorry (O. de Lorraine).

Loquuntur sicut asina Balaam (*Ils parlent comme l'ânesse de Balaam*). — Le Pontois (Normandie, Bretagne). — Corps: *les loups de l'écu, bénissant au lieu de maudire.*

Loué Notre-Seigneur dans le Saint-Sacrement de l'autel. — Bourdin de la Guérivière.

Loyal car fort. — Le Nepvou de Carfort.

Loyal en tot et toz diz (*Loyal en tout et toujours*). — François Caurel, secrétaire-archiviste de l'U. R. B.

Loyauté partout. — De Penancouët de Kérouazle.

Lucet in tenebris (*Il luit dans les ténèbres*). — Laurencin (O. d'Anjou). — *D'azur, au chevron d'or, accompagné de trois étoiles du même.*

Lucet semper ad honorem (*Il brille toujours auprès de l'honneur*). — Ruinart de Brimont (O. de Champagne). — *D'azur; au chevron d'or, accompagné en chef de deux étoiles d'argent, et en pointe, d'un cœur du même; au chef d'or, chargé d'une rose de gueules.*

Lumine pulsis in altis non deficiunt (*Attirés par la lumière, ils montent toujours*). — Cazet (O. du Maine). — *De sable à trois aigles d'or, becquées et onglées de gueules, 2 et 1.*

L'une défend l'autre. — Mme de Kerven. — Corps: *Une marguerite croisée d'une plume.*

Lux et robur (*Intelligence et force*). — Collège de Plouguernevel. — *D'argent, au chêne de sinople, adextré et senestré d'une hermine de sable; au chef d'azur, chargé d'une étoile d'or.*

*
* *

Macla sine macula (*Mâcle sans tache*). — Mgr Eustache Le Sénéchal de Kercado, évêque de Tréguier (1686 + 1694). — *D'azur, à neuf mâcles d'or, 3, 3, 3.*

Mad ha leal (*Bon et loyal*). — Mgr Jean-Gilles du Coëtlosquet, évêque de Limoges en 1729.

Ma Doué ha va vro (*Mon Dieu et mon pays*). — D'Argennes (O. de Normandie).

Ma foy, mon roy. — De Bascher de Beaumarchais.
— *D'argent, à la croix fleuronnée de sinople, chargée d'une épée d'or posée en pal, cantonnée aux 1 et 4, de trois quintefeuilles d'azur, aux 2 et 3, d'un chêne arraché de sinople.*

Magna sustinentur magnis (*Les grandes actions (ou épreuves) sont accomplies (ou supportées) par les hommes de grand cœur*). — De Menou.

Main de Potier, gaige d'honneur. — Potier de la Morandière. — *D'azur, à deux mains dextres appaumées d'or; au franc quartier échiqueté d'argent et d'azur.*

Main de Potier ne fault. — Potier de la Morandière.

Malestroit! (*cri*). — De Malestroit.

Malo mori quàm fœdari (*J'aime mieux mourir que me souiller*). — De Mauduit du Plessix.

Mamelle d'or. — De Lesquen. — (Famille qui prétend se rattacher à celle de Saint-Guénolé, dont la mère, munie d'un sein particulier, s'appelait *Alba Trimammis,* en breton : *Gwen Teirbron*).

Mar car Doué (*S'il plaît à Dieu*). — Du Chastel de Trémazan et de la Motte-Tanguy.

Mar car Doué. — De Kerautem.

Mare. — Marin de Carranrais.

Mar plich Doué (*S'il plaît à Dieu*). — De Kerhoent de Kergournadec'h.

Mascula sic virtus ad sidera tendit (*Oui, un mâle courage nous hausse jusqu'aux étoiles*). — Pantin de la Guère (O. d'Anjou). — *D'argent, à la croix de sable, cantonnée de quatre molettes d'éperon à cinq rais de gueules. Tenants: Deux anges revêtus des émaux de l'écu. Cimier: Une queue de paon d'azur, miraillée d'or, entre un vol banneret.*

Mediis isto duce tuta procellis (*Grâce à ce guide, en*

sûreté au milieu des orages). — Faculté de médecine de Nantes (XVII° siècle). — Allusion à Hippocrate et au vaisseau des armoiries.

Meriti præconia fati (*Annonce d'un avenir heureux*). — Charles Bodin, maire de Guingamp en 1646. — Jeton: *Deux hermines mantelées, soutenant le globe du monde.*

Me son got callet den ens Armoric. — De la Tour-d'Auvergne-Corret.

Mieulx penser que dire. — Sioc'han de Kersabiec.

Mihi noscitur et perit ira (*A mon égard la colère naît et s'apaise*). — D'Arbaud (O. de Navarre). — Devise de la branche de Brest et Châteauvieux, éteinte, qui portait: *D'argent, au griffon de sable, la patte dextre d'aigle, la jambe senestre de lion, vêtues ou écorchées de gueules.*

Militis bini (*Du double chevalier*). — De Raguenel.

Minus præsse quod prodesse (*Moins être un chef qu'être utile*). — Mgr A.-A.-P.-H. Gouraud, né à Vieille-Vigne (Loire-Inférieure), évêque de Vannes en 1906.

Mitis ut colombæ (*Doux comme les colombes*). — De Kerampuil. — *De gueules, à trois colombes d'argent, 2 et 1.*

Mon devoir et mon droit. — De la Rue du Can (O. de Touraine).

Mon Dieu, mon roi. — De Voisins (O. de l'Isle de France).

Moriamur pro rege nostro (*Nous mourrons pour notre roi*). — Le Breton de la Haize.

Mourir pour vivre, || Vertu suivre, || Vrai honneur retenir, || De Kererault c'est le désir. — De Kérérault.

Movendo (*En méditant*). — René Descartes, philosophe, + 1650.

*
* *

Nec devio nec retro (*Ni à côté, ni derrière*). — De Villebresme (O. de l'Orléanais).

Nec dura, nec aspera terrent (*Ni résistances, ni difficultés ne l'arrêtent*). — Mgr François de Ville-montée, évêque de Saint-Malo (1657 + 1670). — *D'azur, au chef denché d'or, chargé d'un lion léopardé de sable.*

Nec fallere nec falli (*Ni fourbe ni dupe*). — De Cadoret.

Nec flectuntur nec mutant (*Ils ne s'inclinent ni ne changent*). — O'Heguerty de Chanteu (Irlande, Bretagne).

Nec frustrà spero (*Et je n'espère pas en vain*). — Pierre Le Bret, libraire à Rennes, 1578.

Nec tactus abibis (*Indemne tu t'en tireras*). — De Pellan. — *D'argent, au lion de gueules couronné d'or, à la bordure de sable chargée de huit besants d'or.* —

Nec vi nec numero (*Ni la force ni le nombre ne m'effraient*). — De Branges de Bourcia (O. du Jura).

Ne freno ne tempo (*Ni frein ni temps*). — Gourdon de Genouillac (O. du Quercy).

Ne m'oubliez. — De la Trémoïlle (O. du Poitou).

Ne quid mimis (*Rien de trop*). — De Bretagne.

Nescit labi virtus (*Leur vigueur ne saurait manquer*). — Morel de Foucaucourt (O. du Cambrésis). — *D'azur, à trois glands d'or renversés, 2 et 1, et une fleur de lys posée en abîme. Cimier: Une licorne issante. Supports: Deux licornes.*

Nescit lares virtus (*La valeur ne connaît pas de foyer*). — De Boislève (O. d'Anjou).

N'espoir ne peur. — Mgr Louis de Bourbon, évêque de Tréguier en 1538.

Net de toute bougrerie. — De Bougrenet de la Tocnaye.

Never (plutôt: invice) fulmine crescet (*Malgré la foudre il grandira*). — Du Verdier de Genouillac (O. du Limousin). — *Ecartelé: aux 1 et 4, d'azur, à trois bandes d'argent, chargées de charbons ardents de sable; aux 2 et 3, de gueules, au lion d'or; sur le tout: d'or à l'arbre de sinople.*

Ni haïr ni trahir. — Mme Joséphine Baudry, historienne.

Nil desperandum (*Il ne faut désespérer de rien*). — Burnett-Stears (O. d'Angleterre).

Nil nisi virtute (*Rien sans courage*). — De Corbeau de Vaulserre (Savoie, Dauphiné).

Nil sine Deo (*Rien sans Dieu*). — D'Aviau de Ternay.

Nil timeo vincam (*Je ne crains rien, je vaincrai*). — Leschevin de Prévoisin (O. de Picardie). — *D'argent, au chevron d'azur, accompagné en chef d'un croissant accosté de deux étoiles; et en pointe d'un lion, le tout de gueules.*

Nil ultrà (*Rien au delà, ou de plus, ou de trop*). — Comte Albert de Mun, de l'Académie française, député du Finistère. — *D'azur, au monde d'argent, croisé et ceintré d'or.* (O. de Bigorre).

Ni regret du passé, ni crainte de l'avenir. — Le Coat de Saint-Haouen.

Nitimur in vetitum (*A l'assaut de l'obstacle*). — De Grille d'Estoublon (O. de Provence). — *De gueules, à la bande d'argent, chargée d'un grillon de sable. L'écusson posé sur une aigle éployée de sable.*

Nobiliter vixi nec dimittam (*J'ai vécu noblement et ne cesserai*). — Didelot (O. de Lorraine).

Noble en tous jours serai. — Cheynier-le-Jouhans de Noblens (O. du Limousin).

Noli arma fœdari vel non loqui (*Ne souille pas tes

armes ou n'en parle pas). — Bouchard de Méhérenc (O. de Normandie).

Non deerunt (*Elles ne failliront pas).* — Marie-Adélaïde, duchesse de Bretagne. — Jeton de 1709: plusieurs fleurs de lys.

Non aliàs (*Non quelquefois).* — De Ploësquellec.

Non est mortale quod opto (*Ce que je désire est immortel).* — L'abbé de Landevennec, 1713.

'Non ferit nisi læsus (*Il ne frappe que s'il est blessé).* — Ville de Piré. — *D'or, à la hure de sanglier de sable, arrachée de gueules, défendue d'argent.* — (Armes et devise des Rosnyvinen, anciens seigneurs de Piré).

Non flectuntur nec mutant (*Ils ne se courbent ni ne changent).* — O'Heguerty (O. d'Irlande).

Non in ea, sed in illa *(Non par celle-ci, mais par celle-là).* — Le Provost de Launay, sénateur des Côtes-du-Nord, + 17 août 1912.

Non renuo ardua (*Je ne recule pas devant les difficultés).* — Renouard de Bussière.

Notre-Dame de Béarn! — Le cardinal P. de Foix, évêque de Vannes, 1449-1490.

Nullibi solidius (*Nulle part plus solidement).* — Carré.

Nullis extinguitur, ou Nullus extinguit, ou Nullus extinguitur (*Il n'est éteint par personne, ou Personne ne l'éteint, ou Aucun n'est éteint).* — Picot de Vaulogé (O. du Poitou). — *D'or, au chevron d'azur, accompagné de trois fallots d'argent, allumés de gueules; au chef du même.*

Nul ne s'y frotte. — Frotier de la Messelière (O. du Poitou). — Tenants: *Deux mélusines.*

Numero deus impare gaudet. — Buirette de Verrières (O. de Champagne).

Nunquam devius (*Jamais de travers*). — Carré de Luzançay (O. de Normandie).

Ober (*Agir*). — M. J. Oliviero, chimiste.

Ober ha tevel (*Faire et taire*). — De Charruel de Gouazouhallé.

Oculis vigilantibus exit (*Il passe*, ou *navigue sous des yeux vigilants*). — D'Outremer. — *Fascé ondé d'argent et d'azur.*

- Oculis vigilantibus exit (*Il passe sous des yeux vigilants*). — Fournier d'Oyron (O. de Touraine). — *De gueules, à la bande denchée d'or, accostée de deux étoiles du même.*

Omnia et in omnibus Christus (*En tout et pour tout Jésus-Christ*). — Mgr Mérel, né à Vay (Loire-Inférieure), évêque d'Orciste en 18...

Omnia possum in eo qui me confortat (*Je peux tout avec l'aide de Celui qui me réconforte*). — Du Chastel.

Omnia prætereunt *(Tout passe)*. — De Tinténiac.

Oncques arrière. — La Tour d'Auvergne de Bouillon (O. d'Auvergne).

Ornat sidera virtus (*La valeur illustre les étoiles*). — De Berthier ou Bertier de Sauvigny (O. de Bourgogne). — *D'or, au taureau furieux de gueules, onglé et accorné d'azur, chargé de cinq étoiles d'argent en bande.*

Ortui par animis (*Son courage égale sa naissance*). — De Longaulnay.

Orphano tu adjutor eris (*Tu seras le soutien de l'orphelin*). — Mgr Jean de Lespervez, évêque de Quimper, 1451 + 1472.

Os ad hostem (*Face à l'ennemi*). — De Berthois (devise des de Maisniel, O. du Ponthieu).

Oublier... jamais! — Vétérans rennais de 1870-1871 (978ᵉ section).

Où vertu guide, honneur suit. — De la Trémoïlle (O. du Poitou).

***

Pacatumque reget patriis virtutibus orbem. — Jeton de la Chambre des comptes de Bretagne, 1611.

Pacis et belli reliquum (*Souvenir de paix et de guerre*). — De Longueil (O. de Normandie). — *D'azur, à trois roses d'argent; au chef d'or chargé de trois roses de gueules.*

Pa garo! (*Quand Il voudra*). — Yves Berthou, barde Kaledvoulc'h, chef du Gorsedd.

Pantin! hardy!. en avant! (*cri*). — Pantin de la Hamelinière (O. d'Anjou).

Parcere subjectis et debellare superbos (*Epargner les vaincus, abattre les superbes*). — Du Breil du Chalonge de Landal.

Parens nobis hæc otia fecit [Virgile] (*Notre aïeule nous a construit cette retraite*). — Sur la villa Kermamgoz (maison de la Grand'Mère), à Trégastel (à M. Ch. Pitet).

Par monts et par vaux. — De Chabre (O. d'Auvergne).

Partout vit Ancône. — Pracomtal d'Ancône (O. du Dauphiné).

Pax (*Paix*). — Dom Em. Piolaine, bénédictin (xviiiᵉ siècle). — Sur son ex-libris.

Pax in luce (*La paix par la lumière*). — Mgr Auguste-Léopold Laroche, évêque de Nantes en 1893.

Penhouët! (*cri*). — De Chef du Bois.

Penn mad me aveso et an penn gand ar virtuz (*Tête bonne je serai, tête avec la vertu*). — De Chef-debien.

Perag ? (*Pourquoi ?*) — Busnel de Montoray.

Per aspera semper spera (*Au milieu des difficultés espère toujours*). — Marcotte de Quivières (O. de Picardie. — *D'argent, au lion de sable, armé et lampassé de gueules.*

Per crucem ad lucem (*Par la croix à la lumière*). — Mgr Jean-Natalis-François Gonindard, archevêque de Rennes en 1893.

Perire potius quam fœdari (*Périr plutôt que se souiller*). — De Bernard de Danne (O. d'Anjou).

Per playre (*Pour plaire*). — Des Portes (Languedoc, Bretagne).

Per sidera cresco (*Sous ces astres je crois*). — Du Crest de Villeneuve et de Lorgerie (O. de Savoie). — *De gueules, à la bande d'or, chargée de trois croissants d'azur.* Cimier: *Un croissant.*

Per tenebras lucent (*Elles brillent davantage dans les ténèbres*). — Le Moine de Margon. — *D'or, à trois pals de gueules; au chef d'azur, chargé de trois étoiles d'argent.*

Petit ardua virtus (*Mon courage s'attaque au difficile*, ou: *La vertu va vers les hauteurs*). — De Douglas (O. d'Ecosse). — *D'argent, au cœur sanglant, surmonté d'une couronne royale; au chef d'azur, chargé de trois étoiles d'argent.*

Petra zo ? (*Qu'est-ce ?*) — Blamor de Ganne.

Phrages-Phalempin! (*cri*). — De l'Isle de Kervidou.

Plaise à Dieu ! — De Nepvouët.

Plura quàm exopto (*Plus encore je désire*). — De Farcy.

Plus discret que poisson ‖ A ses ducs fut toujours Kerpoisson. — De Kerpoisson.

Plus fait, plus veut faire. — Le Bihannic de Tromenec.

Plus penser que dire pour parvenir. — Hervé de Penhoat.

Plus riche que les rois. — Danican de Landivisiau (Bretagne, Normandie). — *Un monde soutenu d'un vol, surmonté d'une étoile, le tout d'or.*

Plus utile que brillant. — De Boerio.

Point gehennant, point gehenné. — De Rosily-Mesros.

Portarum claustra revellit (*Il arrache les verrous des portes*). — De la Porte de la Meilleraye.

Potentia vires his magnos divina dedit (*La puissance divine leur a donné de grandes forces*). — Corporation des chirurgiens et apothicaires de Brest (XVIIᵉ et XVIIIᵉ siècles).

Potius mori quam fœdari (*Plutôt que se souiller, mourir*). — De la Noue.

Potius mori quam fœdari. — Régiment de Bretagne.

Potius mori quam mentiri (*Plutôt mourir que mentir*). — De la Porte-Orieulx (Bretagne, Maine).

Pour Dieu, pour le roy! — Du Bourdieu.

Pour la liberté! (*cri*). — Bréant de Morlac (O. du Languedoc).

Pour soutenir loyauté. — De la Sayette (O. du Poitou).

Pourvoir à Dieu. — Du Chastel de Châteaugal.

Prætium non vile laborum (*Honorable récompense de mes actions*). — Le Chauff.

Prest vé (*Il serait prêt*). — Prégent ou Prigent de Coëtivy.

Pret ew, pret aw (*Prêt, toujours prêt*). — De Kersauson.

Primi et ultimi in bello (*Les premiers et les derniers au combat*). — Arnous-Rivière (O. de Nantes).

Pro aris et focis (*Pour nos autels et nos foyers*). — De la Bourdonnaye-Blossac.

Probitas, virtus et fidelitas (*Honneur, courage et fidélité*). — D'Agnel de Bourbon (O. de Provence). — *D'hermines à la fasce de gueules, chargée de trois fleurs de lys d'or* (armes des d'Acigné).

Probité fait loi. — Laiterie Sévigné, à Vitré.

Probus semper (*Loyal toujours*). — Morel de la Martinière.

Pro Deo et rege (*Pour Dieu, pour le roi*). — De Frotté (Bretagne, Normandie).

Pro Deo et rege et patria (*Pour Dieu, pour le roi, pour la patrie*). — Libault de la Chevasnerie. — *De gueules à six fleurs de lys d'argent, 3, 2, 1; au chef du même, chargé de trois fers de pique de gueules, les trois pointes en haut.*

Pro Deo, honore et patria (*Pour Dieu, l'honneur et la patrie*). — Walsh de Sérent (O. d'Irlande).

Pro Deo, pro rege moriamur (*Nous mourons pour Dieu et pour le roi*). — Burot de Cargouët.

Pro fide fides (*Fidélité à la foi*). — L'abbé Ch. Bigault de Boureille (O. du Berry).

Pro fidelitate (*Avec fidélité*). — De Keroulas.

Prompt et fidèle. — De Jacquelot de Chantemerle de Villette. — *D'azur, au chevron d'argent, accompagné en chef de deux mains fermées du même, et en pointe d'un levrier assis d'argent, colleté de gueules, bouclé d'or.*

Pro patria (*Pour la patrie*). — Bonnard du Hanlay (?)

Pro suis fortiter (*Pour les siens courageusement*). — Legeard de la Diriays. — *D'azur, à la poule essorante d'or.*

*
* *

Quærunt cœlo lucem (*Ils cherchent la lumière du ciel*). — Abbé Ch. de Bigault de Boureuille (O. du Berry). — *D'azur, à trois furets d'argent, 2 et 1, surmontant trois étoiles d'or.*

Quæ serata secura (*Ce sont de sûres fermetures*). — De Douglas (O. d'Écosse).

Quamplura exopto (*Je désire avec ardeur le plus possible, ou: bien davantage*). — De Penfeuntenyo (Cheffontaines).

Quand il naît un Davot, une épée sort du fourreau (*dicton*). — D'Avout (O. de Bourgogne).

Quand mesme je veux. — La Combe de Villers.

Quanta tud avoa erbret ‖ Avoa Guicaznou ha Kerret (*Les premiers habitants de la terre furent les Guicaznou et les Kerret*). — (Dicton).

Quand tu pourras. — De Keraëret.

Que sien toutes ligat amasse (*Qu'ils soient tous unis ensemble*). — De la Salle-Lanmerin (O. du Béarn).

Qu'est Ravenel. — De Ravenel.

Quid mirum (*Quelle merveille*). — Chauveau de Kernaëret.

Quid non pro munere tanto ? (*Que ne ferait-on pas pour remplir un tel devoir?*) — Marie-Adélaïde, duchesse de Bretagne; jeton de 1708 pour la naissance du duc de Bretagne. — Corps: *Un oiseau posé sur un piédestal aux armes de Bretagne.*

Qui m'aimera, je l'aimerai. — De Foix (baron du

Pont et de Rostrenen par mariage avec Louise du Pont, fille de Jean III, seigneur du Pont-Labbé).

Qui m'entend me connait. — De la Choüe de la Mettrie. — *D'argent, à trois chouettes de sable, membrées et becquées de gueules.*

Qui statuit legem elegit (*La loi vient de celui qui a établi toutes choses*). — Bérard de Kermartin. — *D'argent, à la croix engreslée de sable.*

Quis ut Deus ? (*Qui est l'égal de Dieu ?*) — Abbaye bénédictine de Sainte-Anne de Kergonan, à Plouharnel, diocèse de Vannes.

Qui s'y frotte s'y pique. — De Bérenger (Forez et Italie).

Qui s'y frotte s'y pique. — De la Villéon. — *D'argent, à un houx arraché de sinople; au chef de sable fretté de six pièces d'or.*

Qui s'y frotte s'y pique. — Dondel de Kergonaud. — *D'azur, au porc-épic d'or.*

Qui s'y frotte s'y pique. — Du Houx de Kerigo. — *De gueules à trois épées d'argent, la pointe en bas.*

Qui s'y frotte s'y pique. — Poullain de Saint-Foix. — *D'argent, au houx arraché de sinople; au franc canton de gueules, chargé d'une croix dentelée d'argent.*

Quitte ou double. — De Keranguez.

Quod decet (*Ce qu'il faut*). — De Chevigné ou Cheveigné.

Quoi qu'il arrive. — Labbé (Morlaix). — *D'argent, à quatre fusées de gueules rangées en fasce.*

Quo non ascendet ? (*Où ne montera-t-il pas ?*) — Famille Fouquet (O. d'Anjou). — *D'argent à l'écureuil (ou fouquet) de gueules.* — La devise personnelle de Fouquet de Belle-Isle était : *Quo non ascendam ?* Après la condamnation du Surintendant, un de ses ennemis fit peindre un écureuil grimpant à un gibet, avec la même devise. En réponse, ses amis firent représenter un écureuil au pied d'un gibet, poursuivi par trois lézards et une couleuvre (armes de Le Tellier et de Colbert) avec la légende: *Quo fugiam ?*

*
* *

Rak-tal (*Sur le champ*). — De Trolong.

Recte et fortiter (*Droit et fort*). — De la Selle.

Refuge des pécheurs, priez pour nous. — Paroisse de Plélan, diocèse de Rennes.

Regardez le vrai soleil. — D'Avenel (O. de Normandie). — *De gueules, à trois aigles d'argent, 2 et 1.*

Religioni et patriæ floreant (*Qu'ils fleurissent pour Dieu et pour la patrie*). — Ecole Saint-Charles, à Saint-Brieuc.

Rendons justice à tout le monde. — Corporation des merciers et quincailliers de Brest (XVIIIe siècle).

Retro nunquam (*Jamais en arrière*). — D'Auray de Saint-Pois (Bretagne et Normandie).

Rex Philippus mihi dedit (*Le Roi Philippe me l'a donné*). — Bertrand de Molleville.

Rien de bas ne m'enflamme. — De Malézieux du Hamel (O. de Picardie). — *D'azur, à l'aigle éployée d'or, fixant un soleil levant au canton dextre du chef.*

Rien sans peine. — Mgr d'Ouvrier, évêque de Dol en 1630 (O. du Languedoc).

Rivoalen du, Rivoalen glaz, || Azo tud chentil a viscoaz (*De quelque couleur que soit un Rivoalen, il est toujours un gentilhomme (dicton)*. — Rivoalen de Mezléan.

Robur et fiducia (*Force et loyauté*). — De Léon des Ormeaux. — *D'argent, au lion de gueules, armé, lampassé et couronné d'or.*

Roc'h bihan ! (*cri*). — De Robien.

Rosæ fulgent sub sidere gemmeo (*Les roses ruti-
lent auprès de la brillante étoile*). — De Gennes. —
*D'argent, au chevron de gueules, accompagné en chef
d'une étoile accostée de deux roses du même, et en
pointe, d'une coquille de sable.*

Rougé rugit mais ne rougit. — De Rougé.

Roy si je puis. — Jeanne de Rostrenen, femme
d'Alain VII, vicomte de Rohan. — Sur un sceau.

Ruenne ! Vendegies ! (*cri*). — Le Carlier (O. de
Picardie).

Ruit hora (*L'heure s'enfuit*). — Gourio du Refuge.

Sacer custos pacis (*Gardien sacré de la paix*). —
De Polignac (O. du Velay).

Sainct-Yves ! Guesclin ! (*cri*). — Du Guesclin, sui-
vant Froissart.

Saint-Jehan ! (*cri*). — De Carné.

Salvabit (*Il sauvera*). — Sauveur de la Chapelle-
Boby.

Sans ayde ! (*cri*). — De Sansay (Poitou, Orléanais,
Bretagne).

Sans détours. — Yves Le Febvre, homme de lettres.
— Sur son ex-libris.

Sans freing. — Franchet d'Esperey (O. de Franche-
Comté).

Sans rémission. — De Guilimadec.

Sans reproche. — Constantin de la Lorie (O. d'Anjou).

Sans vanité ni faiblesse. — Gautron de Lesnérac.

Sans varier. — Devise faussement attribuée à la
ville de Pont-l'Abbé. — Voir *Hepken*.

Sapientia et veritas (*Sagesse et vérité*). — De Douglas (O. d'Ecosse).

Scientia et virtus (*Savoir et courage*). — Picot de Coëthual.

Scio cui confido (*Je sais en qui j'espère*). — Angier de Lohéac.

Semper altius (*Toujours plus haut*). — D'Izarn (O. du Rouergue). — *D'argent, à l'isard de gueules grimpant; au chef d'azur, chargé de trois étoiles d'or.*

Semper et ubique fidelis (*Toujours et partout fidèle*). — Bourke (O. d'Irlande).

Semper et ubique fidelis. — De Beaupoil de Saint-Aulaire (O. du Limousin). — *De gueules, à trois couples de chiens d'argent posés en pal, les liens d'azur, deux en chef et l'autre en pointe.*

Semper et ubique fidelis. — Ginoux de Fermont.

Semper fidelis (*Toujours fidèle*). — Des Grées du Lou.

Semper idem. — De Charette de la Contrie.

Semper idem (*Toujours de même, ou: Jamais ne varie*). — De Farcy.

Semper recte (*Toujours tout droit*). — De Rorthays (Poitou, Bretagne).

Semper virens (*Toujours vert*). — D'Avril de Burey (Anjou, Bretagne, Angoumois, Normandie). — *D'argent, au pin arraché de sinople; au chef d'azur, chargé de trois étoiles d'or.*

Semper virens (*Toujours vert*). — Du Bois de la Villerabel. — *D'argent, à trois sapins arrachés de sinople, rangés en fasce.*

Sempre fedele (*Toujours fidèle*). — De l'Escale (O. d'Italie). — Supports: *Deux dogues.*

Sermonem patriam moresque requirit (*Elle s'occupe de la langue et des mœurs de sa patrie*). — Académie celtique, 1805.

Servabit odorem (*Elle conservera son odeur*). — Mme de Sévigné. — (M. Tausin, qui rapporte l'une des innombrables devises de la marquise, n'indique pas le corps).

Servat ferrum (*Elle conserve le fer*). — De Bréhier (O. d'Anjou). — *D'argent, à trois olives de sinople, feuillées du même.*

Servire Deo regnare est (*Servir Dieu c'est régner*). — Mgr Pierre de Foix, évêque de Vannes (1449-1490).

Se taire ou bien dire. — Du Bec-Crespin de Tréogat (O. de Normandie).

Sicus quercus incorruptibile (*Comme le chêne incorruptible*). — De Milleville (O. d'Anjou). — *De gueules, au sautoir d'argent, cantonné de quatre glands d'or.*

Sicut rupes (*Comme un rocher*). — Léon Durocher, homme de lettres.

Si je puis. — Deuxième partie de la devise des Rohan: *Roi si je puis* (sur quelques sceaux), attribuée par erreur comme devise aux Rostrenen. La cause de cette erreur est qu'on lit: *Roi si je puis,* sur le sceau de Jeanne de Rostrenen, *femme d'Alain VII, vicomte de Rohan.*

S'il n'est furieux, il est invincible. — De Chavagnac (O. d'Auvergne).

S'il plaist à Dieu. — De Kerlec'h.

S'il plaist à Dieu. — Du Chastel.

S'il plaist à Dieu. — De Grosourdy du Chastel, de Saint-Pierre (Bretagne, Normandie).

S'il tombe il se relève. — Heusaff ou d'Ouessant.

Sine labe (*Sans tache*). — Labbey de Druval (O. de Normandie).

Sine macula (*Sans tache*). — De la Coudre de la Bretonnière: — *D'azur à six mâcles d'or; au chef d'argent, chargé de cinq mouchetures d'hermines.*

Sine macula macla (*Mâcle sans tache*). — De Tréanna de la Buharaye. — *D'argent à la mâcle d'azur.*

Sine maculis (*Sans taches*). — De Bouteiller (O. de Lorraine). — *D'azur à la bouteille d'or; au chef d'argent chargée de deux merlettes de sable.*

Sine maculis. — De la Porte de la Meilleraye. — *Un croissant d'argent chargé de cinq mouchetures d'hermines.*

Sinite parvulos venire ad me (*Laissez venir à moi les petits enfants*). — Frères de la Doctrine chrétienne à Ploërmel.

Si non in timore Domini tenueris te instanter, cito subvertetur domus tua (*Si tu ne te tiens pas fortement attaché à la crainte de Dieu, ta maison sera bientôt détruite*). — Citation de l'*Ecclésiaste* (XXVII, 4) gravée au-dessus de la porte principale du château de Kergroadez, à Brelès (Finistère).

Si omnes te negaverint ego nunquam te negabo (*Même si tous te reniaient, moi je ne te renierai jamais*). — De Clermont-Tonnerre (O. du Dauphiné). — Ancienne devise.

Si soucis ai por Diou les vainc. — Drouët d'Aubigny (O. du Maine). — *D'azur, au lion d'or passant, accompagné de trois soucis du même, 2 et 1.*

Sit amico te mihi felix. — Law de Lauriston (O. d'Ecosse).

Sit nomen Domini benedictum (*Le saint nom du Seigneur soit béni!*) — Jeton de Jacques Huteau, seigneur des Burons, maire de Nantes, 1657.

Sit virtus nixa fide (*Que son courage soit le gage de sa fidelité*). — Buirette de Verrières (O. de Champagne).

Sol agens (*Sous l'influence du soleil*). — De Solages (O. du Rouergue). — *D'azur, à un soleil d'or.*

Sola nobilitat virtus (*Le courage seul anoblit*). — Pigault de Beaupré.

Sola patriciis (*Seule aux patriciens*). — Mgr J.-B.-M. Caffarelli, évêque de Saint-Brieuc, 1802-1817.

Sola salus servire Deo (*Seul moyen de salut: servir Dieu*). — De Bausset (O. de Provence). .

Sola virtus (*Le courage seul, ou: la vertu seule*). — De la Vieuville, anciennement du Cosquer.

Soutiens Vendée. — De Baudry d'Asson.

Souvent fort, courageux toujours. — Fanneau de la Horie (O. de Normandie).

Soyons tous amis (ou unis). — De la Salle-Lanmerin (O. du Béarn).

Spectat ad astra (*Elle porte ses regards vers le ciel*). — Regnouart ou Renouard de Fleury. — *D'argent, à l'aigle éployée de sable, surmontée de trois étoiles rangées en chef de gueules.*

Spend and be spent (*Dépenser et se dépenser*). — Mgr Bruté de Rémur, évêque de Vincennes (Etats-Unis), en 1839.

Sperare contra spem (*Espérer contre toute espérance*). — Le Bartz.

Spero (*J'espère*). — De Lorgeril.

Spes durat avorum (*L'espoir de nos aïeux se perpétue*). — Mgr Ferdinand-Maximilien-Meriadec de Rohan-Guémené, archevêque de Bordeaux (1769-1781); devise de famille.

Spes mea (*Mon espérance*). — Grignart de la Hunaudière, de Champsavoy. — *De sable, à la croix d'argent, cantonnée de quatre croissants du même.*

Spes mea Deus (*Mon espérance: Dieu*). — Marquis de Rays.

Spes mea Deus. — Du Breil de Pontbriant.

Spes mea in Domino (*Mon espérance est dans le*

Seigneur). — Dom Joseph Bouchard, né à Pesmes (Doubs), abbé bénédictin de Kerbénéat, près Landivisiau, diocèse de Quimper, en 1902.

Spes non confundit (*Mon espoir ne se trompe pas*). — Mme P.-L. Schmitt, née à Niort, abbesse bénédictine de Saint-Michel de Kergonan (Morbihan), en 1905.

Spinas inter nata (*Née parmi les épines*). — De la Bigne (O. de Normandie). — *D'argent, à trois roses de gueules, 2 et 1.*

Sponte favos, æegre spicula (*Volontiers mon miel, à regret mon aiguillon*). — Mgr Charles-Emile Freppel, évêque d'Angers (1869-1891); député breton. — *D'azur, à l'abeille d'or.*

Stabit atque florebit (*Il sera fort et fleurira*). — Des Maretz de Maillebois (O. de l'Isle de France).

Stetit unda fluens (*L'onde mobile s'est immobilisée*). — Mgr J.-B.-M. de Maillé, évêque de Rennes, 1802-1804. — *D'or, à trois fasces nébulées de gueules.*

Sua et avorum virtute clari (*Illustres par leur propre valeur et celle de leurs pères*). — De Brémond d'Ars (O. de l'Angoumois).

Subvenit oppresso (*Il secourt l'opprimé*). — De Montholon (O. de Bourgogne). — *D'azur, à un mouton d'or, accompagné de trois quintefeuilles du même rangées en chef.*

Suis ardens nititur alis (*Plein d'ardeur il vole de ses propres ailes*). — Le Gentil de Paroy et de Rosmorduc. — *D'azur, au serpent volant d'or.*

Summa regi fides (*Fidélité absolue au roi*). — De Préaudau.

Sunt fortia fortibus apta (*Aux forts sont destinées les choses fortes*). — D'Amphernet (O. de Normandie). — *De sable, à l'aigle éployée, au vol abaissé d'argent, becquée et membrée d'or.*

Sunt terminus astra (*Le ciel est le but*). — Baudrand (ex-libris). — *D'azur, à la bande d'or, accompagnée de trois molettes (ou étoiles) du même en chef et d'un croissant d'argent en pointe.*

Sursum cor ! (*Haut le cœur !*) — Lemercier de Richemont. — *D'or, au chevron d'argent, accompagné de deux étoiles en chef et d'un cœur en pointe, le tout d'or.*

Sursum corda ! (*Haut les cœurs !*) — De Sarrebourse (O. de l'Orléanais). — *D'azur, à la croix ancrée d'or.* Supports: *Deux lions.*

Sustine et abstine (*Soutiens et abstiens-toi*). — De Gallery. — *De gueules, à l'épée d'argent en pal, la pointe en haut, garnie d'or, accostée de deux croix de Lorraine du même.*

*
**

Tacere aut recte loqui (*Bien dire ou se taire*). — Moët de Romont (O. de Champagne).

Tache sans tache. — Carnegy de Balinhard (O. d'Ecosse).

Tal crey guilha Guilhem que Guilhem lo guilho (*Tel croit vaincre Guilhem que Guilhem vainc*). — Guilhem de Pothuau (O. de Languedoc).

Taldir (*Front d'acier*). — François Jaffrennou. — Cette devise sert aussi de nom de plume au barde, dont la famille paternelle (Guynement), porte: *De sable à trois rencontres de cerf d'argent,* et la famille maternelle (Roparz), *d'argent, à la croix pattée d'azur.*

Tant qu'elle durera... jamais ! — Huon de Keroselec. — *De gueules, à cinq croisettes recroisettées d'argent, disposées en croix.*

Temporis acti memor (*Non oublieux du passé*). — De la Broise (O. de Normandie).

Tempus edax rerum (*Le temps, destructeur des choses*). — Le Faux.

Tenacitate fortis (*Par sa constance* ou *son entêtement, fort*). — De Coüasnon. — *D'argent, à trois molettes d'éperon de sable.*

Terra marique (*Sur terre et sur mer*). — Lacrosse (O. de Guyenne).

Terra marique. — Régiment des dragons de Penthièvre.

Time, ama, odi (*Crains, aime, hay*). — Hay des Nétumières.

Timor Domini, fons vitæ (*La crainte du Seigneur est la source de la vie*). — De Butler (O. d'Irlande). — *De gueules, à trois coupes couvertes d'or.*

Toti sanguine tincti (*Tous teints de sang*). — De Toustain (O. de Normandie).

Tots por elx, tots por elles. — D'Estaing (O. de Rouergue). — Corps: *Une corbeille de lys et de roses.*

Toujours, à jamais! — Huon de Keroselec.

Toujours à mieux. — Amieux, industriel.

Toujours droit. — De Courson de Villeneuve. — Tenants: *Deux chevaliers croisés.*

Toujours droit. — De Bruc de Montplaisir.

Toujours fidèle à l'honneur. — Du Houx de Kerigo.

Toujours vert Bois-Jagu. — Du Bois de la Villerabel (issus de la maison du Bois-Jagu). — *D'argent, à trois pins arrachés de sinople.*

Tout à Dieu et au roi, mon sang à la Patrie. — De Ferré de Péroux (O. de Galles). — *De gueules, à trois fleurs de lys d'or, 2 et 1, à la bande du même. Cimier: une épée.*

Tout de Dieu. — De Trogoff.

Tout de par Dieu. — Le Bigot de Préameneu.

Tout du Tout. — Du Bois-Guézenec.

Tout en bon chrétien. — De Tréveneuc.

Tout en croissant. — De Kerangartz de Penendreff. — *D'azur, au croissant d'argent.*

Tout ou rien. — La Fleur de Kermaingant.

Tout ou rien. — Brindejonc de Tréglodé (O. d'Angleterre).

Transfixus et non mortuus (*Transpercé, mais vivant*). — De Saint-Aubin du Plumellec.

Trémoïlle! (*cri*). — De la Trémoïlle (O. d'Anjou).

Trino soli Deo honos et gloria (*Au seul Dieu tri-un honneur et gloire*). — Rolland du Roscoat.

Tristan tous lieux. — Tristan Corbière, homme de lettres.

Tu viendras à bien. — Du Chastel.

*
* *

Ubi lagena ibi lætitia (*Où est la bouteille, là est la joie*). — De Boutillier du Retail (O. d'Anjou). — *De gueules, à trois bouteilles d'argent et une grappe de raisin d'or en abîme.*

Ubique similis (*Partout le même*). — De Villiers de l'Isle-Adam (O. de l'Isle-de-France).

Ubique similis. — Baconnière de Salverte.

Ulterius ardet (*Il est bien plus ardent*). — Colas de la Noue et des Francs (O. d'Orléans). — *D'or, au chêne de sinople, terrassé du même; au sanglier courant de sable, brochant sur le fût de l'arbre. Cimier: un sanglier.*

Un conseil est bon en tout temps. — D'Alleno. — (Voir: *Mad é quelen,* etc.).

Unda recumbit (*L'onde est un lit*). — Duc de Penthièvre, amiral, 1750.

Undique terror, undique lethum (*Partout la terreur, partout la mort*). — Marquis de la Roche-Jaquelein, pair de France.

Une foy, ung Dieu, ung roy. — De la Palud ou Palue.

Une foy, une loy, un roy. — Busnel de Launay.

Ungues et rostrum (*Bec et ongles*). — De Lanjamet. — *D'argent, à l'aigle éployée de sable.*

Ungue et virtute potens (*Puissant par sa griffe et son courage*). — De la Grandière (O. d'Anjou). — *D'azur, au lion d'argent, armé, lampassé et couronné de gueules.*

Uno avulso, non deficit alter (*L'un enlevé, un autre le remplace*). — De Sansay. — *D'or, à trois bandes d'azur, à la bordure de gueules; à l'écusson en abîme, échiqueté d'or et de gueules.*

Unvaniez 'ra nerz (*Union fait force*). — François Vallée, barde Ab-Herve.

Utimur (*Nous sommes utiles*). — De Gicquel des Touches.

Ut olim de republica meritis sic et urbis liberatori patria contulit (*Comme jadis [on obtenait] de la République pour ses mérites, de même la patrie a remercié le libérateur de la ville*). — Guy Le Meneust de Bréquigny, sénéchal de Rennes pendant la Ligue. Il conserva cette ville à Henri IV. — (Sur une médaille de 1593.)

Ut rupes nostra (*Comme notre roc*). — De Maingard. — *D'or, à une fasce de gueules; au chêne arraché de sinople, brochant sur le tout et fruité de deux glands d'or pendants sur la fasce.*

Valorosos a Combles (*Valeureux les Combles*). — De Combles de Naives (O. de Lorraine).

Var vor ha var zouar (*Sur terre et sur mer*). —
Vaisseau *Le Primauguet*.

Velociter iste sagitta (*Aussi rapide que la flèche*).
— Gabriau (O. du Poitou). — *D'azur, au cerf courant
d'or.*

Velocitur patriam defendit et fortiter (*Il défend sa
patrie rapidement et courageusement*). — Hue de la
Colombe (O. de Normandie). — *D'azur, à la colombe
d'argent tenant en son bec un rameau d'olivier de
sinople.*

Venena venenis (*Les poisons par la critique*). —
Mgr Edmond Revol, évêque de Dol (1591-1603) (O. du
Dauphiné).

Verbum crucis Dei virtus (*La parole de la croix,
force divine*). — Mgr J.-M. Graveran, évêque de Tréguier et de Léon (1840-1855). — *De sinople, à la croix
alésée d'or.*

Veritas liberavit (*Vérité guérit*). — La Barre de
Nanteuil (O. de Normandie). — Même devise que les
La Barre-Badenham, au pays de Galles.

Vers la lumière. — Léon Berthaut, homme de
lettres.

Vetus sed ardens (*Vieux, mais plein d'ardeur*). —
De Girard de Châteauvieux (O. du Dauphiné). —
*D'azur, à la tour d'argent, à trois donjons maçonnés
de sable; au chef cousu de gueules, chargé d'une étoile
d'or, accostée à dextre d'un lion naissant d'or, à senestre d'un croissant versé d'argent.*

Vetustate firmior (*Plus fidèle par sa vieille amitié*).
— D'Aboville (O. de Normandie). — *De sinople, au
château d'argent, flanqué de deux tours couvertes et
girouettées de même, ouvert, ajouré et maçonné de
sable.*

Vetustate robur (*Fort par, ou: dans sa vieillesse*).
— Beaupoil de Saint-Aulaire (O. du Limousin).

Victorious a tots les hazars. — De Bonneval (O. du Limousin). — *D'azur, au lion d'or, armé et lampassé de gueules.*

Vigilantia (*Vigilance*). — Gruel de la Motte.

Vigil et audax (*Vigilant et audacieux*). — D'Eon de Beaumont. — *Parti d'argent et d'or, au lion de l'un en l'autre, armé, couronné et lampassé de gueules; enté en pointe d'un coq au naturel, empiétant de la dextre un cœur enflammé de gueules.*

Vigili vocat ore diem (*D'une voix vigilante, il appelle le jour*). — Académie celtique (1805).

Vincit omnia veritas (*La vérité triomphe de tout, ou: A la parfin vérité vainc*). — Potier de Courcy (O. de Normandie).

Virtus ac decus (*Valeur et honneur*). — De Champs de Saint-Léger de Bréchard (O. du Bourbonnais). — *Parti: au 1, d'azur, à cinq plantes de mandragore d'argent mal ordonnées, au franc-canton d'hermines; au 2, d'azur, à trois bandes d'argent.*

Virtus dedit, mors negavit (*Valeur donna, mort reprit*). — Mgr Sébastien de Rosmadec, évêque de Vannes (1622-1646).

Virtus et fides (*Courage et loyauté*). — De Gratien. — *D'azur, au chevron d'or, accompagné en pointe d'un lion couronné du même.*

Virtus et fides. — De Guénebault (Bourgogne, Bretagne).

Virtus et umbra (*Vertu et modestie*). — Rouvroy de Saint-Simon (O. de Picardie). — *De sable, à la croix d'argent, chargé de cinq coquilles de gueules.*

Virtus fortunæ victrix (*Le courage vainc l'adversité, ou: force la fortune, le succès*). — Hingant de Saint-Maur.

Virtus in altis (*Ma force vient d'en haut, ou: Vigueur de dessus*). — O'Brien (O. d'Irlande).

Virtus merces ipsa sibi (*La vertu porte en elle sa récompense*). — De Balathier-Lantage (O. du Dauphiné).

Virtus vulnere virescit (*Ses blessures exaltent son courage*). — Roussel de Courcy (O. de l'Orléanais).

Virtute-comite-sanguine (*Par mon courage, par ma présence, par mon sang*). — De Bonnin de la Bonninière de Beaumont (O. de Touraine). — *D'argent à la fleur de lys de gueules.*

Virtute et unguibus potens (*Par sa valeur et ses griffes puissant*). — De la Grandière (O. d'Anjou). — *D'azur, au lion d'argent, armé, lampassé et couronné de gueules.*

Virtutem Ars, virtute Mars (*Mon nom se varie suyvant mon estat: Ars dans ma patrie et Mars au combat*). — De Brémond d'Ars (O. d'Angoumois).

Virtutem a stirpe troho (*Je tire ma force de ma race*). — De Bernon (O. de Bourgogne). — *D'azur au lion d'or, armé et lampassé de gueules.*

Virtute, tempore (*Avec courage, avec patience*). — De Cossé-Brissac (O. du Maine).

Virtute unita (*L'union fait la force*). — Le Gac du Plessix. — *D'azur, au dextrochère armé d'argent, mouvant du flanc dextre et tenant cinq flèches d'or en pal, ferrées et empennées d'argent.*

Virtuti non divitiis (*Préfère vertu à richesse*). — De Tronson.

Virtuti omnia parent (*Tout cède à la valeur*). — Bohier (O. d'Auvergne). — *D'or, au lion d'azur.*

Virtutis fortuna comes (*Fortune, ou: succès, accompagne valeur*). — De Choiseul-Beaupré (O. de Champagne).

Vis et virtus (*Force et courage*). — Bréant de Morlac (O. de Languedoc). — *Parti: au 1, de gueules à trois fasces d'argent; au 2: d'azur au lion d'or. Cimier: un phénix. Tenants: deux sauvages.*

Vis nescit vinci (*La force ne connaît pas la défaite*). — De la Forest d'Armaillé (O. d'Anjou).

Vis sua ejus fortitudine est genita (*Son grand courage fait sa force*). — D'Argy (O. de Touraine). — *D'or, au lion de sable, armé et lampassé de gueules.*

Vitré et Foulgères marchent ensemble. — Vieille légende de blason pour les deux baronnies sœurs.

Vive Dieu! — De Kerminihy.

Vive la liberté et les plaisirs! — Ordre de Plaisance (Société badine rennaise du XVIII° siècle).

Vive Jésus et Marie. — Institution Saint-Sauveur de Redon. — Corps: *bustes de J.-C. et de la Sainte-Vierge dans un cœur entouré d'une couronne de roses et de lys.*

Vivere et cogitare est (*Vivre, c'est aussi penser*). — Callouel de la Roche.

Volendo possum (*Vouloir c'est pouvoir*). — Ruinart de Brimont (O. de Champagne).

Votum Deo regique vovit (*Tout dévoué à Dieu et au roi*). — Le Prévost d'Iray (*Bretagne et Normandie.*)

Vultus in hostem (*Face à l'ennemi*). — Codrington de Dodington (O. d'Angleterre).

*
* *

Y gwir yn erbin y byd (*La vérité à la face du monde*). — Association celtique.

Youl Doué (*Volonté de Dieu*). — De Kerliviry.

TABLE DES NOMS CITÉS

NOTA. — Un numéro précédé d'un A indique la page du Tome xxxv du *Bulletin* paru en 1911. Un B précédant le numéro indique la pagination du présent *Bulletin*.

Abbaye bénédictine de Sainte-Anne de Kergonan. — B, 67.
Abbé de Landévennec. — B, 60.
Ab Hervé (barde). — B, 78.
Aboville (d'). — B, 79.
Académie celtique. — B, 47-53-70-80.
Achard de Bonvouloir. — B, 27.
Achon (d'). — A, 119.
Acigné (d'). — A, 129-139 ; B, 33.
Adhémar (d'). — A, 122.
Agnel (d') de Bourbon. — B, 65.
Allanic (J.). — B, 32.
Alleno (d'). — A, 124 ; B, 77.
Almont (d'). — B, 48.
Aloigny (d'). — A, 124.
Ameil. — B, 40.
Amelot de Chaillou. — A, 105.
Amieux. — B, 76.
Amphernet (d'). — B, 74.
Amys du Ponceau. — A, 161.
Ancenis (d'). — A, 111.
Andigné (d'). — A, 89.
Andigné de Mayneuf (Mgr d'). B, 29.
André. — A, 147.
Angebault (Mgr). — A, 118.
Anger ou Angier. — A, 109.
Angier de Lohéac. — B, 47-70.
Anglade (d'). — A, 107.

Anne de Bretagne. — A, 106-120-143.
Ansart du Fiesnet. — B, 41.
Arbaud (d'). — B, 57.
Archevêché de Rennes. — B, 31.
Arel. — A, 123.
Argennes (d'). — B, 55.
Argentré (d'). — A, 139.
Argouges (Mgr d'). — B, 28.
Argouges (d'). — A, 87.
Argy (d'). — B, 82.
Armynot. — A, 90.
Arnous-Rivière. — B, 65.
Arquistade (d'). — A, 136.
Arras (d'). — B, 41.
Arthuys (d'). — B, 46.
Artur de la Villarmois. — A, 161 ; B, 43.
Ar Yeodet (barde). — B, 39.
Assérac (d'). — A, 112.
Association bretonne angevine. — B, 31.
Association celtique. — B, 82.
Aubert (d'). — B, 28.
Aubigny (Drouët d'). — B, 72.
Audiffret (d'). — B, 38-47.
Audren de Kerdrel. — A, 155.
Augustin (d'). — B, 34.
Aumont (d'). — A, 158.
Auray (ville). — A, 88.
Auray (d'). — B, 68.
Autier. — A, 128.
Autret. — A, 103.

Avaugour (d'). — A, 159.

Avenel (d'). — B, 68.

Aviau de Ternay (d'). — B, 59.

Avout (d'). — B, 66.

Avril (d') de Burey. — B, 70.

Bacciocchi. — B, 36-51.

Bacon de Sains. — B, 33.

Baconnière de Salverte. — B, 77.

Baglion. — A, 134.

Bahon (libraire). — A, 121 ; B, 38.

Baillardel de Lareinty. — B, 53.

Balathier-Lantage (de). — B, 81.

Barbier de Lescoët. — A, 154.

Barscaou ou Parscaou. — A, 154.

Barz an Arvor. — B, 52.

Bascher. — A, 101.

Bascher de Beaumarchais. — B, 56.

Baslé (Mgr). — A, 107.

Bastard (M.). — A, 146.

Bastard (de). — A, 98.

Baudouin. — A, 158.

Baudrand. — B, 75.

Baudry (Mme J.). — B, 59.

Baudry d'Asson (de). — B, 73.

Bausset (de). — B, 72.

Bausset-Rochefort (Mgr de). — A, 150.

Bazin (Mgr). — B, 49.

Beauchesne (Guesdon de). — B, 32.

Beaucorps (de). — A, 109.

Beaucorps-Créquy (de). — B, 35.

Beauharnais. — A, 91-129.

Beaumanoir (Mgr de). — B, 54.

Beaumanoir (de). — A, 91-120-121.

Beaumarchais (Bascher de). — B, 56.

Beaumont (de). — A, 88-115 ; B, 31.

Beaumont (d'Eon de). — B, 80.

Beaumont (Bonnin de la Bonninière (de). — B, 81.

Beaupré (Pigault de). — B, 73.

Beaupré (de Choiseul). — B, 81.

Beaupoil de Saint-Aulaire. — B, 70-79.

Beausse (de). — B, 46.

Beauvau (de). — A, 146.

Becdelièvre (J.-B. de). — A, 121.

Becdelièvre. — A, 114.

Bécel (Mgr). — A, 94.

Behr (de). — B, 45.

Bélizal (de Gouzillon de). — A, 147.

Bellabre. — A, 142.

Bellescize (Regnault). — A, 89.

Belordeau. — A, 162.

Belouino (Mgr). — A, 141.

Bérard de Kermartin. — A, 144 ; B, 67.

Bérenger (de). — B, 46-67.

Berger (Dr Ch.). — A, 93.

Bernard. — A, 112-114.

Bernard II (Dom). — A, 97.

Bernard (de) de la Barre de Danne. — B, 63.

Bernon (de). — B, 51-81.

Berrouette (J.-J.). — A, 118.

Berthaut (L.) (homme de lettres). — B, 79.

Berthe de Pommery. — B, 49.

Berthier de Sauvigny. — B, 34-61.

Berthois (de). — B, 62.

Berthou (Yves) (barde). — B, 62.

Bertrand de Molleville. — B, 40-68.

Beschard ou Béchard. — A, 126.

Béthune (de). — A, 134.

Bibliophiles bretons. — A, 142.

Bidé (Cl.). — A, 111.

Bidon de Rochettes. — A, 103.

Bigault de Boureuille. — B, 65-66.

Bigault. — A, 155.

Bigot et Bigault. — A, 155.

Binet. — A, 115-120.

Bizemont (de). — B, 51.

Bizien (de). — A, 161.

Blamor de Ganne. — B, 63.

Blanche (Mgr). — A, 151.

Bleus de Bretagne. — B, 29.

Blocquel de Wismes. — B, 30.

Blois (de). — A, 87.

Boceret (de). — A, 157.

Bochecat (Guillou de). — A, 123 ; B, 54.

Bochetel (de). — A, 98.

Bodin (Ch.). — B, 57.

Boério (de). — B, 64.

Boguais de la Boissière. — A, 109.

Bohier. — A, 149 ; — B, 81.

Bois-Eon (de). — A, 154.

Boisgelin (de et du). — A, 120.

Boisguéhenneuc (de). — A, 93.

Boislève (de). — B, 58.

Bonchamps (de). — B, 36.

Bonnard du Henlay (?). — B, 66.

Bonneval (de). — B, 80.

Bonnin de Béaumont (de). — B, 81.

Bord (Gust.). — A, 108.

Boscher (Aug.) (barde). — B, 39.

Botherel (de) du Plessix. — B, 50.

Botigneau (de). — A, 87.

Bouchard de Méhérenc. — B, 60 ; A, 107.

Bouchard (Dom J.). — B, 74.

Bouché (Mgr). — A, 116-142.

Boudin de Tromelin. — A, 87.

Bouët-Villaumez. — A, 96.

Bougrenet (de). — A, 99 ; B, 32-58.

Bouhier. — A, 156.

Bouillé (de). — B, 31-53.

Bouillon (La Tour d'Auvergne de). — B, 38-61.

Bourbon (Mgr L. de). — B, 58.

Bourbon (d'Agnel de). — B, 65.

Bourbon (de) de Lignières. — B, 41.

Bourdin de la Guérivière. — B, 55.

Bourgogne (de) de Vielcourt. — A, 156.

Bourke. — A, 86 ; B, 70.

Bourmont (de) de Ghaisne. — B, 34.

Bournat (de). — B, 50.

Bourrelier (J.), imprimeur. — B, 50.

Bouteiller (de). — B, 72.

Bouteloup, imprimeur. — B, 32.

Boutillier du Retail (de). — B, 77.

Bouvans (de) du Bois de la Roche. — A, 139.

Bouvet de Maisonneuve. — A, 107.

Bouvier de la Motte. — B, 40.

Boux de Casson. — A, 139.

Brancas (de). — A, 102.

Branges de Bourcia (de). — B, 58.

Bréant (de) de Morlac. — B, 64-81.

Bréhant (de). — A, 111 ; B, 33-44-46.

Bréhier (de). — A, 108 ; B, 71.

Brémond (de) d'Ars. — A, 117-131 ; B, 74-81.

Bréon (Lancrau de). — A, 151; B, 49.

Brescanvel (de Poulpiquet de). — A, 99-121 ; B, 37.

Bretagne (province de). — A, 88-125 ; B, 52.

Bretagne (de). — B, 58.

Breton de Paris (le), journal. — B, 47-53.

Bretons (les). — B, 36-45.

Breuilpont (Le Riche de). — B, 45.

Brézol (de). — A, 151.

Briand de Laubrière. — A, 146.

Briçonnet. — A, 102 ; B, 48.

Brignac (de Talhouët de). — B, 28.

Brigode (de). — B, 38.

Brindejonc de Tréglodé. — B, 77.

Briot. — A, 99.

Briot de la Mallerie. — B, 36.

Broc (de). — B, 38.

Brochard de la Roche-Brochard. — B, 44.

Brossart. — A, 90.

Brossaud de Juigné. — A, 155.

Brossays Saint-Marc (Mgr). — A, 117.

Brosse (de). — A, 144.

Brosset de la Chaux. — B, 52.

Bruc (de) de Malestroit. — A, 110-110.

Bruc (de) de Montplaisir. — B, 76.

Bruc (de) de Montplaisir (Mgr). — A, 161.

Brullon (de). — B, 44.

Brunschwigg (L.), avocat. — A, 135.

Bruté de Rémur (Mgr). — A, 139 ; B, 73.

Budan de Russé. — A, 106.

Budes de Guébriant. — A, 112-154.

Buet de Rosselin. — B, 38.

Buirette de Verrières. — B, 60-72.

Buléon (Mgr). — A, 85.

Burey (d'Avril de). — B, 70.

Burnett-Stears (de). — B, 59.

Burot de Cargouët. — B, 65.

Busnel (comte de). — B, 35.

Busnel-Launay. — A, 148 ; B, 43-78.

Busnel de Montoray-Névet. — A, 137 ; B, 63.

Bussière (Renouard de). — B, 60.

Bussy (de) dé Bizay. — B, 40.

Butler (de). — B, 37-76.

Buzic de Kerdoël. — A, 95-126.

Cadoret (de). — B, 58.

Cadoret (Mlle Ph.), bardesse. — B, 39.

Cadoudal (de). — A, 108 ; B, 39.

Cadran solaire breton. — B, 35.

Caffarelli (Mgr). — B, 72.

Cahideuc (de). — A, 89-89.

Caillière (H.), éditeur. — A, 120.

Calloët. — A, 87.

Callouel de la Roche. — B, 82.

Cambourg et Cambout (de). — A, 120.

Cameru (de). — A, 104.

Camus de la Guibourgère. — B, 52.

Cacqueray (de). — A, 91.

Caradeuc (de). — A, 90.

Carfort (de). — B, 55.

Cargouët (de). — A, 148 ; B, 65.

Carheil (de). — A, 140.

Carion. — A, 131.

Cariou. — A, 159.

Carman ou Kermavan. — A, 88-102-145.

Carman (de Maillé de). — A, 100.

Carmené (Mgr). — A, 135-153.

Carmoy (de). — B, 39.

Carnazet et Kernazret (de). — A, 137.

Carné (de). — A, 139 ; B, 39-52-69.

Carné (comte A. de), barde. — B, 52.

Carnegy-Balinhard. — B, 32-75.

Carré. — A, 158 ; B, 60.

Carré de Luzançay.— A, 133-134 ; B, 60-61.

Carron de la Carrière. — B, 41.

Cassard (P.). — A, 119.

Cassard. — A, 147.

Casson (Boux de). — A, 139.

Cathelineau. — A, 100.

Catherine de Médicis. — A, 95.

Cathrine, imprimeur. — B, 50.

Caurel (F.), barde. — B, 39-55.

Cavan (de). — B, 33.

Cavelier de Cuverville. — A, 151.

Cazenove (de). — A, 152.

Cazet. — B, 55.

Chabot. — A, 95-137-142 ; B, 34.

Chabre (de). — B, 30-62.

Chalus (de). — B, 42.

Chambre des comptes de Bretagne.— A, 93-105-107-117-121-135 ; B, 62.

Champion de Cicé. — A, 91.

Champion de Cicé (Mgr). — A, 150.

Champs (de) de Saint-Léger. — B, 80.

Chanoines de Guérande. — A, 107.

Chantemerle (de Jacquelot de). — B, 65.

Chanu. — A, 140.

Chapon (Mgr). — A, 136.

Chappedelaine. — A, 87.

Charbonneau. — A, 142.

Charette de la Contrie (de). — B, 70.

Charil de Villanfray. — B, 49.

Charles de Blois. — B, 31.

Charpentier. — A, 122-149.

Charrette (J. et L.). — A, 118-143.

Charrier. — A, 148.

Charruel de Gouazouhalé (de). — B, 61.

Charuel de Guerlesquin. — A, 93 ; B, 52-54.

Chasteigner (de). — A, 90-135.

Châteaubriand (de).—A, 121-127 ; B, 34.

Châteaufur (de). — A, 159.

Châteaugal (du Chastel de). — B, 42-64.

Châteaugiron (de). — A, 137.

Châteaugiron (Le Prestre de).
— A, 145.

Chaton. — A, 89-101.

Chaumont (de). — A, 94 ; B,
34.

Chauveau de Kernaëret. — B,
66.

Chavagnac (de). — B, 71.

Chefdebien (de). — B, 40-63.

Chef du Bois (de). — B, 62.

Cheffontaines (de). — A, 138;
B, 66.

Chellet de Kerdréan. — B,
38-41.

Chesnais (L.). — B, 50.

Chesnel. — A, 122.

Chevalier (Ch.-C.). — A, 99.

Chevigné (de). — B, 67.

Cheylus (de). — A, 108.

Cheynier de Noblens. — B,
59.

Chicoyneau de Lavalette. —
B, 46.

Chirurgiens-apothicaires de
Brest (corporation des). —
B, 64.

Choiseul-Beaupré (de). — B,
81.

Chrétien et Chrestien de Tréveneuc. — A,103 ; B, 77.

Cibon. — A, 123.

Cillart de Kermainguy. — A,
127.

Clarke. — A, 134.

Claude de Bretagne. — B, 33.

Clausse (Cosme). — A, 102.

Clermont (de). — A, 149 ; B,
72.

Clisson (de). — A, 140.

Clisson (Olivier de). — A,
102-129-138-153 ; B, 39-48.

Coadou (Mgr). — A, 128.

Coataudon. — A, 155.

Coatanfroter (Le Gentil de).
— A, 113.

Coatlez (de Poulpiquet de). —
A, 99.

Coatmanac'h (de). — B, 27.

Codrington. — B, 82.

Coëtanlem (de). — A, 113.

Coëtanscours (de). — A, 87.

Coëtantus (de). — B, 51.

Coëtgourden ou Coatgoureden
(de). — A. 116-120 ; B, 35.

Coëthual (Picot de). — B, 70.

Coëtivy (de). — A, 91-141 ; B,
65.

Coëtlez (Le Ny de). — A, 115.

Coëtlogon (de). — A, 99-105.

Coëtlosquet (de). — A, 112.

Coëtmanach (de). — A, 85 ;
B, 31.

Coëtmen (de). — A, 113-120 ;
B, 31.

Coëtmenech (de). — A, 150.

Coëtnempren (de). — A, 95-
105 ; B, 27.

Coëtquelven (de). — A, 92.

Coëtquen (de). — A, 143.

Coëtquen (Malo II de). — A,
122-132.

Coëtrieux (de). — A, 157.

Coëtudavel. — A, 144.

Cœuret. — A, 139.

Colas de la Noüe. — B, 77.

Collas de la Motte. — A, 93-
99 ; B, 33.

Collège de Plouguernevel. —
B, 55.

Collin de la Contrie. — B, 35.

Comité de la statue de Nominoë. — B, 42.

Compagnie des Indes. — A,
110-151.

Combles de Naives. — B, 36-
78.

Conan (Mgr). — A, 138.

Concorde (Société de la). —
B, 34.

Conen. — A, 143.

Coniac (de). — A, 96.

Constantin de la Lorie. — A, 110-126 ; B, 69.

Coquebert de Neuville. — B, 46.

Corbeau de Vaulserre (de). — B, 59.

Corbière (Tristan), homme de lettres. — B, 77.

Corbierre (abbé A.-J.). — A, 105.

Cordelière (Ordre de la). — A, 120.

Cordon. — A, 156.

Cornet. — A, 145.

Cornulier (de). — A, 110 ; B, 44.

Cospeau (de). — A, 136.

Cossé-Brissac (de). — A, 162; B, 41-81.

Cossin. — A, 151.

Couasnon (de). — B, 76.

Couespel du Mesnil. — B, 41.

Couëssin de Kergal (de). — B, 30.

Couëssin de Kervaso (de). — A, 145.

Couëtantus (de). — B, 51.

Couët de Lorry (de). — B, 54.

Couëtus (Mgr de). — A, 140.

Couëtus (de). — A, 121-139.

Courcy (Potier de). — A, 87; B, 80.

Courcy (Roussel de). — B, 81.

Courson (de). — A, 92-122 ; B, 42-76.

Courtois. — A, 96.

Coutance (Jourdain de). — A, 148.

Coutances (de). — A, 96.

Coypel (Gouyon de). — A, 97.

Cramezel (de). — A, 109-109.

Crec'hérault (de). — A, 157.

Créquy (de). — A, 133-141-144.

Crissé (Turpin de). — A, 160.

Crocq (Mgr). — A, 118.

Cuillé (de Farcy de). — A, 120.

Cussé (Davy de). — B, 33.

Dachon. — A, 119.

Dalesso. — A, 94.

Damesme. — A, 122.

Danglade. — A, 107.

Danguy de la Menais (?). — B, 51.

Danican. — B, 64.

Danne (Bernard de la Barre de). — B, 63.

David. — A, 126-149.

David (Mgr). — A, 145.

Davy de Cussé. — B, 33.

Delage de Luget. — B, 29.

Denier. — A, 129.

Denis de Trobriant. — B, 44.

Des Bouillons. — A, 135.

Des Cartes (René). — B, 34-57.

Des Champeaux. — A, 101.

Des Clos. — A, 146.

Des Garets (Garnier). — B, 35.

Des Grées du Lou. — B, 70.

Des Grottes (Marraud). — B, 43.

Des Guitons ou de Guiton. — A, 101.

Des Landes. — A, 99.

Desloge de la Mulinière. — B, 37.

Des Maretz de Maillebois. — B, 74.

Des Nétumières (Hay). — A, 97-155 ; B, 35-76.

Des Nos. — A, 124-125-156.

Des Nouhes. — B, 30.

Des Ormeaux (de Léon). — B, 68.

Des Plas. — B, 32.

Des Portes. — B, 63.
Des Roches. — A, 122.
Des Salles. — A, 116 ; B, 41.
Des Touches (Gicquel). — B, 78.
Derrien. — A, 129.
Derval. — A, 147.
Didelot. — B, 59.
Dieuleveult. — A, 101.
Dinan (de) de Montafilant. — A, 113.
Dion (de). — B, 38-39.
Dir-na-dor (barde). — B, 28.
Dombidau de Crouseilhes (Mgr). — B, 29.
Dondel. — A, 141 ; B, 67.
Dorléans (Imbert). — A, 117-119.
Doucéré (Mgr). — A, 125.
Douglas (de). — B, 35-38-39-45-63-66-70.
Dragons de Penthièvre. — B, 76.
Dreux-Bretagne (de).—B, 52.
Drouët d'Aubigny. — B, 72.
Drouët de Montgermont. — B, 27.
Du Bahuno du Liscoët. — A, 139.
Du Bec-Crespin de Tréogat. — A, 148 ; B, 71.
Dubillard (Mgr).— A, 100-143.
Du Bodéru ou Botdéru. — A, 92.
Du Bois. — A, 145-148.
Du Bois-Boissel. — A, 150 ; B, 47.
Du Bois de la Roche de Bouvans. — A, 139.
Du Bois de la Villerabel. — B, 70-76.
Du Bois de Maquillé. — B, 38.
Du Bois-Guéhéneuc.—A, 113; B, 28.
Du Bois-Guézenec. — B, 77.

Du Bois-Halbran. — A, 115.
Du Bois-Jagu. — A, 155.
Du Bois-Rouvray (de Jacquelot). — B, 49.
Du Bot. — A, 94.
Du Bot de Launay. — B, 53.
Du Botglazec. — A, 142-144.
Du Botmeur. — A, 123.
Du Bouays de la Bégassière. — B, 32.
Du Bouëxic du Pinieux. — B, 48.
Du Bourdiéu. — B, 64.
Du Bourg de Boismarquer. — A, 101.
Dubourg (Mgr). — A, 138-140.
Du Bourgblanc. — A, 98-102; B, 40.
Du Breil de Chalonge de Landal. — B, 62.
Du Breil de Pontbriant. — A, 135 ; B, 73.
Dubreil (Mgr). — A, 137.
Du Cambout. — A, 120.
Du Champ-Renou (Pelleu). — B, 37.
Du Chastel. — A, 98-159 ; B, 48-56-61-71-77.
Du Chastel de Châteaugal. — B, 42-64.
Du Chastellier. — A, 132.
Du Châtel. — B, 71.
Du Châtelet (Armynot). — A, 90.
Du Cleuziou. — A, 155.
Du Clos (J.), imprimeur. — B, 53.
Du Coëtlosquet (Mgr). — B, 55.
Du Cosquer. — A, 124.
Du Cosquer (Testard). — B, 27.
Du Cosquer (de la Vieuville). — B, 73.

Du Crest de Villeneuve et de Lorgerie. — B, 47-63.
Du Drénec. — A, 130.
Du Dréneuc (de l'Isle). — B, 38.
Du Dresnay. — A, 97-103.
Du Dresnay (René). — B, 32.
Du Fou. — A, 101.
Du Fou (Mgr). — B, 33.
Du Fretay (Halna). — A, 89.
Du Garo. — A, 143.
Du Gaspern. — A, 104.
Du Garspern. — A, 144.
Duguay-Trouin. — A, 99.
Du Guesclin. — A, 98-103 ; B, 69.
Du Guesclin (Bertrand). — A, 106-130-138 ; B, 69.
Du Guiny. — A, 99.
Du Halgouët (Poulpiquet). — A, 121.
Du Hamel (de Malézieux). — B, 68.
Du Harel et Arel. — A, 123.
Du Hindreuff. — A, 113.
Du Houx de Kerigo. — A, 112 ; B, 51-67-76.
Du Juch. — A, 92-123.
Du Liscoët. — A, 134.
Dulong de Rosnay (Mgr). — A, 107.
Du Mans de Chalais. — B, 46.
Du Marc'hallac'h. — A, 159.
Du Matz de Mathefélon (Mgr). — B, 52.
Du Méné. — A, 134.
Du Menez. — A, 106 ; B, 43.
Du Mescouëz ou Mesgouëz. — A, 145.
Du Mesnil (Couespel). — B, 41.
Du Parc. — A, 92-115-115-155 ; B, 48.
Du Parc de Penanguer. — A, 159.

Duparc (Mgr). — A, 112-129.
Du Pas de la Bourdinière. — A, 138.
Du Périez du Mouriez. — A, 115.
Du Perrier. — A, 131.
Du Plessis de Grénédan. — A, 138.
Du Plessix (de Botherel). — B, 50.
Du Plessix (de Mauduit). — B, 56.
Du Pont. — A, 162.
Du Pontavice. — B, 34.
Du Pont-l'Abbé. — A, 113.
Du Portzic (Le Rodellec). — A, 124.
Du Puy. — A, 160.
Du Puy du Fou. — B, 34.
Du Quélenec. — A, 104.
Du Quengo. — A, 95.
Dureau de la Malle. — B, 40.
Du Refuge. — A, 90-160 ; B, 50-69.
Du Rocher (F.-F.). — A, 116.
Durocher (Léon), homme de lettres. — B, 30-42-71.
Du Roscoat (Rolland). — B, 77.
Du Rouazle. — A, 141-147.
Du Sel des Monts (Pinczon). — A, 162.
Du Tillet. — A, 130.
Du Verdier de Genouillac. — B, 59.
Du Verger de Chambors. — A, 120 ; B, 31.
Du Vergier de la Rochejaquelein. — A, 149.

Echevins de Rennes. — B, 48.
Ecole Saint-Charles (Saint-Brieuc). — B, 68.
Eder (Guy). — A, 124.
Elbène (d'). — B, 40.

Elva (d'). — A, 103.

Eon (d') de Beaumont. — B, 80.

Epi (ordre de l'). — A, 88.

Erm (d'). — A, 132.

Espinay (d'). — A, 86-135-145-147.

Espinay (marquis d'). — A, 148.

Espivent de la Villesboisnet (Mgr). — B, 43.

Esquieu (L.), publiciste. — A, 105-151.

Estaing (d'). — A, 156 ; B, 76.

Estienne de Kamanroux. — A, 105.

Estienne (d') d'Orves. — B, 44.

Estimbrieuc (d'). — A, 120.

Estuer (d'). — A, 128.

Etats de Bretagne. — A, 103-125-128-132.

Evnig Arvor (barde). — B, 39.

Fablet de la Motte. — A, 95-107.

Faculté de médecine de Nantes. — B, 57.

Fallières (Mgr). — A, 145.

Fanneau de la Horie. — B, 73.

Farcy (de). — A, 120 ; B, 63-70.

Faucher (de). — A, 146 ; B, 49.

Faucigny-Lucinge (de). — B, 28.

Ferrand (de). — A, 131-142.

Ferré de Péroux (de). — B, 43-76.

Ferrière. — A, 149.

Ferron de la Ferronnays. — A, 117.

Ferron (de) du Chesne. — B, 43.

Feydeau de Brou. — A, 114.

Fily. — A, 113.

Finistère (navire le). — B, 42.

Flotte (de). — A, 156.

Floyd. — A, 112-119.

Fleuriot. — A, 148.

Foix (de). — B, 66.

Foix (Mgr de). — B, 60-71.

Foucaucourt (Morel de). — B, 58.

Foucaud (de). — B, 50.

Foucher (de) de Careil. — A, 162.

Fougères. — B, 82.

Fouquet. — B, 67.

Fouquet de Belle-Isle. — A, 144 ; B, 67.

Fouquet de la Varenne. — B, 43.

Fournier (J.). — A, 134.

Fournier d'Oyron. — B, 61.

Fournier (Mgr). — A, 112 ; B, 28.

Fournier de Bellevue. — A, 129-129-132.

Forest (V.), imprimeur. — A, 101.

Forges (de). — A, 136-136.

Fortia (de). — A, 157.

Fraboulet de Kerleadec. — A, 101.

Franchet d'Esperey. — B, 69.

Francheville (de). — A, 114.

François, dauphin, duc de Bretagne. — A, 114.

Françoise d'Amboise, duchesse de Bretagne.—B, 42.

Franquetot. — A, 139.

Frémon (J.). — A, 102.

Freppel (Mgr). — B, 74.

Frères de la doctrine chrétienne, à Ploërmel. — B, 71.

Freslon (de). — B, 49.

Fresnais ou de la Fresnaye. — A, 157.

Frotier. — B, 60.

Frotté (de). — B, 65.

Fyot. — A, 112.

Gaëdon. — A, 137.

Gabriau. — B, 79.

Galbaud du Fort. — A, 116.

Gallery (de). — B, 75.

Galzain de Calsins. — B, 44.

Gannes de Montdidier (de). — A, 133.

Garnier (Mgr). — A, 118.

Garnier des Garets. — B, 35.

Garnier de la Villesbret. — B, 38-41.

Gassion. — A, 128.

Gastinaire (de). — A, 160.

Gauthier de Poulladou. — B, 34.

Gautier. — A, 86.

Gautron de Lesnéracl. — B, 69.

Gazailhon (Mgr de). — A, 89.

Geffroy de Keresperz. — A, 162.

Geffroy de Villeblanche. — B, 30.

Gellée. — A, 149.

Gennes (de). — A, 94 ; B, 69.

Genouillac (du Verdier de). — B, 59.

Genouillac (Gourdon de). — B, 58.

Gentet (Mgr). — A, 136.

Georges. — B, 40.

Gibon (de). — A, 147.

Gibon de Kerisouet. — B, 54.

Gicquel (de) des Touches. — B, 78.

Gilart de Keranflec'h. — A, 96-99-106.

Ginoux de Fermon. — B, 70.

Girard (de) de Châteauvieux. — B, 42-79.

Giraud (M.). — A, 130.

Giraud. — A, 99.

Giraudeau (Mgr). — A, 122.

Ghaisne (de). — A, 87-155.

Ghaisne (de Bourmont de). — B, 34.

Glé. — A, 92.

Goësbriant (Mgr de). — A, 100.

Goësbriant (de). — A, 101 ; B, 40.

Gonindard (Mgr). — A, 98 ; B, 63.

Gorsedd des Bardes. — B, 30.

Goudelin. — A, 121 ; B, 51.

Goulaine (de). — A, 98 ; B, 27-47.

Gouraud (Mgr). — B, 57.

Gourcuff (de). — A, 139.

Gourdon de Genouillac. — B, 58.

Gouret. — B, 41.

Gourio et Gourio du Refuge. — A, 101-102 ; B, 50-69.

Gournay (de). — A, 104.

Gouvello (de). — A, 112 ; B, 45.

Gouyabatz (de). — A, 158.

Gouyon et Goyon (de). — A, 97-114-121-124-162 ; B, 46.

Gouyon de Coypel. — A, 97.

Gouzillon (de) de Belizal. — A, 147.

Grandin de Raimbouville. — B, 27.

Granges (de) de Surgères. — A, 139.

Gras ou Gràtz (de). — A, 152.

Gratien (de). — B, 80.

Graveran. — A, 160.

Graveran (Mgr). — B, 79.

Gravoil du Tertre. — A, 100 ; B, 38.

Grénédan (du Plessis de). — A, 138.

Griffon (de). — B, 38.

Grignart de la Hunaudière. — A, 104-151 ; B, 73.

Grille (de) d'Estoublon. — B, 59.

Grivel. — A, 154.

Grosourdy de Saint-Pierre.— B, 71.

Grouchy (de). — B, 31.

Gruel de la Mothe. — A, 157; B, 80.

Guébriant (Budes de). — A, 112.

Guéhéneuc (de). — A, 129.

Guémené (de). — B, 43.

Guénebault (de). — B, 80.

Guengat (de). — A, 123-156.

Guéguen (Dr). — A, 130.

Guépin (Dom A.). — A, 96.

Guer (de) de Pontcallec. — A, 149.

Guérard (Mgr). — A, 147.

Guérin. — A, 152.

Guérin de Beaumont. — A, 152.

Guérin de la Houssaye. — B, 43.

Guernisac (de). — A, 137.

Guernon (de). — B, 48.

Guesdon de Beauchesne. — B, 32.

Guesnet (de). — A, 157.

Guicaznou (de). — A, 101 ; B, 29-66.

Guilhem de Pothuau. — B, 75.

Guilimadec (de). — B, 69.

Guillard. — A, 116.

Guillemot de Kercoff de la Villebiot. — A, 103.

Guillois (Mgr). — A, 117-146.

Guillotou. — A, 112.

Guillou de Bochecat. — A, 123 ; B, 54.

Guilloux (Mgr). — A, 152.

Guiomar. — A, 143.

Guiton ou Des Guitons. — A, 101.

Guynemant de Keralio. — A, 107.

Guynot de Boismenu (Mgr). — A, 95.

Guynot de Boismenu. — A, 123.

Guyot de la Pommeraye. — B, 53.

Guyot de Salins. — B, 43.

Gyp. — B, 42.

Halna. — A, 89.

Hamon. — A, 89-104-113.

Harcourt (d'). — A, 113-123.

Harrington. — A, 131.

Harscouët de Saint-Georges. — A, 104-114.

Harrouys (Ch. de). — A, 121.

Hay. — A, 97-113-144.

Hay des Nétumières. — A, 155 ; B, 35-76.

Hélory. — A, 90 ; B, 30-31.

Hémery de Cavan. — B, 33.

Hemery de Coascaradec. — A, 147.

Hennequin. — A, 96.

Henri, dauphin, duc de Bretagne. — A, 102-105-130-159.

Henry (Mgr). — A, 96.

Henry. — A, 140-146-155.

Henry de Beauchamps et de Kerprat. — A, 155.

Henry Quengo de Kergouët. — A, 140.

Hercelin (Dom). — B, 35.

Hermine (Ordre de l'). — A, 88.

Hermine (L'), revue. — A, 92.
Hérouville (Le Boucher d').— B, 37.
Hersart de la Villemarqué. — A, 106.
Hervé de Penhoat. — B, 64.
Hervé de Trémoguer. — A, 139.
Heusaff ou d'Ouessant. — B, 71.
Hévin. — A, 141.
Hillerin. — B, 38.
Hillion (Mgr). — A, 119.
Hingant de Saint-Maur. — B, 80.
Hoche. — A, 145.
Hospitaliers-Sauveteurs bretons. — A, 120-138.
Houel d'Houelbourg. — A, 140.
Houitte de la Chesnaie. — A, 100.
Hubert de la Massue. — B, 40.
Huchet de Cintré et de la Bédoyère. — A, 114-115.
Hue de la Colombe. — B, 79.
Hulst (Mgr d'). — A, 130.
Huon de Kerésec. — A, 104 ; B, 75-76.
Huon de Kermadec. — A, 90; B, 35.
Huon de Penanster. — B, 44.
Huon. — A, 90-104 ; B, 76-75.
Huteau. — B, 72.
Hutteau d'Origny. — B, 37.

Imbault. — A, 106.
Impôts et billots de Bretagne. — A, 90.
Imprimerie de la Loire (Nantes). — A, 110.
Institution Saint-Sauveur de Redon. — B, 82.

Iray (Le Prévost d'). — B, 82.
Izarn (d'). — B, 70.

Jacquelot (de) de Chantemerle. — B, 65.
Jacquelot (de) du Boisrouvray. — B, 49.
Jacquemet (Mgr). — A, 92.
Jaffrennou (Fr.), barde. — B, 75.
Jaillard. — A, 157.
Janzé (de). — A, 105.
Jarret de la Mairie. — B, 51.
Jean IV, duc de Bretagne. — A, 95-143.
Jean V, duc de Bretagne. — A, 125.
Jégou de Kervilio. — A, 129.
Jetons indéterminés. — A, 93-93-118.
Jeunesse catholique. — B, 45.
Jocet de la Villeneuve. — B, 30.
Jolivet (Mgr). — A, 116.
Joly. — A, 125.
Jouan. — A, 92-104.
Jouan de Kervenoaël. — A, 92.
Jourdain de Coutance et de Kerversic. — A, 148.
Juchault (Chr.). —A, 131.
Juigné (Brossaud de). — A, 155.
Juigné (Le Clerc de). — A, 86.

Kaledvoulc'h, barde. — B, 62.
Karuel. — A, 134.
Keralbaud (de). — A, 152.
Keramanac'h (de). — A, 124.
Keraër (de). — A, 140.
Keraëret (de). — A, 137 ; B, 66.
Keralio (de). — A, 161.
Kerallain (de). — A, 134.
Kerampuil. — B, 57.

Kerancouat (de). — B, 36.

Keranflec'h (Gilart de). — A, 99-106-140.

Kerangartz (de). — A, 155 ; B, 77.

Kerangouez (de). — A, 128-128.

Kerangriez (de). — A, 122.

Keranguen (de). — A, 122.

Keranguez (de). — B, 67.

Keranraiz (de). — A, 145.

Keratry (de). — A, 113.

Kerautem (de). — B, 56.

Kerautret (de). — A, 126.

Kercado (Mgr Le Sénéchal de). — B, 55.

Kercoff (de). — A, 103.

Kerdaniel (Le Marant de). — A, 92 ; B, 33.

Kerdréan (Chellet de). — B, 38-41.

Kerenec (de). — A, 101.

Kerérault (de). — A, 127 ; B, 57.

Kergadiou (de). — B, 36.

Kergariou (de). — A, 90-123; B, 40.

Kergarrec (Hélory de). — A, 90.

Kergoët (de). — A, 104-149.

Kergorlay (de). — A, 91-114 ; B, 31-52.

Kergos (de Kernafflen de). — A, 87-104-128.

Kergouët (Henry Quengo de). — A, 140.

Kergournadec'h (de). — A, 95-104 ; B, 29-56.

Kergrist (de). — A, 146.

Kergroadez (de). — A, 104-104 ; B, 72.

Kergroas de Penvern (de). — B, 40.

Kerguélen (de). — A, 160.

Kerguen (de). — B, 51.

Kerguenec (Le Chauff de). — A, 141.

Kerguern (de). — A, 159.

Kerguiffinec (Le Bastard de) et de Mesmeur. — A, 101.

Kerguiziau (de). — A, 151.

Kerhoënt ou Querhoënt (de). — A, 101-154.

Kerhoënt de Kergournadec'h. — B, 56.

Kerisit (chanoine). — A, 107.

Kerjar (de). — A, 144.

Kerjean (Richard de). — A, 102.

Kerlec'h (de). — A, 125 ; B, 71.

Kerlinou (Le Gall de). — B, 34-39-51.

Kerliver (de). — A, 126.

Kerliviry (de). — A, 120 ; B, 82.

Kerloaguen (de). — A, 146.

Kerlouët ou Keranlouët (de). — A, 89 ; B, 40.

Kermadec (Huon de). — A, 90 ; B, 35.

Kermaingant (La Fleur de). — B, 77.

Kermainguy et Kermenguy (de). — A, 127-156 ; B, 38.

Kermartin (Bérard de). — A, 144 ; B, 67.

Kermartin (Hélory de). — A, 90 ; B, 30-31.

Kermavan, Kerman ou Carman (de). — A, 88-102-145; B, 38.

Kermeidic (de). — A, 156.

Kermel (de). — A, 90.

Kermellec (de). — A, 91.

Kermeno (de). — A, 143.

Kerminihy (de). — B, 82.

Kermorial (de). — A, 150.

Kermorvan (de). — A, 148.

Kermorvan (Le Borgne de). —
A, 90-156.

Kermoysan (de). — A, 139.

Kernaëret (Chauveau de). —
B, 66.

Kernafflen (de) de Kergos. —
A, 104.

Kernazret et Carnazet (de). —
A, 137.

Kernezne (de Kéranflec'h). —
A, 140.

Kernier (Le Cardinal de). —
A, 122.

Keroas (de). — B, 30.

Kerouallan (de). — B, 36.

Kerouartz (de). — A, 143-155.

Kerouazle (de Penancoët de).
— A, 85 ; B, 55.

Keroulas (de). — A, 104-156 ;
B, 65.

Keroulas (Le Borgne de). —
A, 90-156.

Kerouzéré (de). — A, 122-124.

Kerouzéré (Mgr de). — B, 28.

Kerouzy (de). — A, 140.

Kerpezdron (de). — B, 31.

Kerpoisson (de). — A, 111-
139 ; B, 64.

Kerret (de). — A, 154 ; B, 29-
45-66.

Kerriec (de). — A, 135.

Kerroz. — A, 113.

Kersabiec (Sioc'han de). — B,
57.

Kersaint (Le Chat de). — A,
126.

Kersaintgilly (de). — A, 110 ;
B, 44.

Kersaliou (de). — A, 156.

Kersauzon (de). — A, 141 ;
B, 46-65.

Kersulguen (de). — A, 122.

Kersuzan (Mgr). — A, 152.

Kertanguy (Salaün de). — A,
113 ; B, 46.

Kerven (Mme de). — B, 55.

Kerven (de). — B, 51.

Kervenoaël (Jouan de). — A,
92-104.

Kervers (Hamon de). — A,
113.

Kerviler (René). — A, 86.

Keryvon (de). — A, 148.

Klaoda, barde. — B, 43.

Koulmig Arvor, bardesse. —
B, 39.

La Barre de Nanteuil (de). —
B, 79.

Labbé. — B, 67.

Labbey de Druval. — B, 71.

La Bedoyère (Huchet de). —
A, 115.

La Bégassière (du Bouays de).
— B, 32.

La Béraudière (de). — A, 130.

La Berrurière (de). et Le Berruyer. — A, 126.

La Bigne (de). — B, 74.

La Boessière-Thiennes (de).
— A, 144.

La Bonninière de Beaumont
(Bonnin de). — B, 81.

La Borde (Mgr). — A, 153.

La Borderie (A. Le Moyne de).
— A, 143 ; B, 44.

La Bouëxière (de). — A, 129-
155-160 ; B, 29.

La Bourdonnaye-Blossac (de).
— B, 65.

La Bourdonnerie (Renou-
Gauvain de). — A, 108.

Labouré (Mgr). — A, 98.

La Bretonnière (de la Couldre de). — B, 71.

La Bretonnière (de Botherel
de). — B, 50.

La Broise (de). — B, 75.

La Buharaye (de Tréanna de).
— B, 72.

La Chalotais (de Caradeuc
(de). — A, 90.

La Chambre (de). — A, 88.

La Chapelle (de) de Vausalmon. — A, 104 ; B, 32.

La Chapelle (Sauveur de). —
B, 69.

La Chesnaie (Houitte de). —
A, 100.

La Chevasnerie (Libault de).
— B, 65.

La Choüe (de). — B, 67.

La Combe de Villèrs. — B,
66.

La Contrie (Charette de). —
B, 70.

La Contrie (Collin de). — B,
35.

La Cornillière (de). — A,
108.

La Couldre de la Bretonnière.
— B, 71.

La Coussaye (de). — A, 136.

Lacrosse. — B, 76.

La Diriays (Legeard de). —
B, 66.

La Fare (de). — A, 124.

La Feillée (de). — A, 136.

La Ferronnays (Ferron de).
— A, 117.

La Fleur de Kermaingant.—
B, 77.

Lafolye, imprimeur. — A,
156.

La Fonchais (des Clos de). —
A, 146.

La Forest (de). — A, 108-
139.

La Forest d'Armaillé (de). —
B, 82.

La Fosse (de). — A, 145.

La Fresnaye ou Fresnais (de).
— A, 157.

La Fruglaye (de). — A, 99-
135.

Lagane (Rougier de). — B,
53.

La Gournerie (Maillard de).
— B, 45.

La Grandière (de). — B, 37-
78-81.

La Grée (de). — A, 117.

La Guérivière (Bourdin de).
— B, 55.

La Guerrande (de). — A, 162.

La Guibourgère (Camus de).
— B, 52.

La Horie (Fanneau de). — B,
73.

La Houssaye (Guérin de). —
B, 43.

La Hunaudière (Grignart de).
— B, 73.

Laigue (de). — B, 40.

Laisné (Mgr). — A, 135.

Laiterie Sévigné (Vitré). — B,
65.

La Lande (de). — A, 121.

La Laurencie (de). — A, 159-
162.

Lally-Tolendal (de). — B, 36-
49-52.

Laluyer (Mgr). — A, 119.

La Mairie (Jarret de). — B,
51.

La Malle (Dureau de). — B,
40.

La Mallerie (Briot de). — B,
36.

La Marche (de). — A, 125.

Lamarche (Mgr).— A, 88-102.

La Martinière (Morel de). —
B, 65.

Lambilly (de). — A, 139-143.

La Meilleraye (de La Porte
de). — B, 64-72.

La Mennais. — A, 115.

La Messelière (Frotier de). —
B, 60.

La Mettrie (de la Choüe de). — B, 67.

La Morandière (Potier de). — B, 56.

La Moricière (Juchault de). — A, 151.

La Motte ou Mote. — A, 123.

La Motte (Collas de). — A, 99.

La Motte de Cépoy (Bouvier de). — B, 40.

La Motte-Fablet (de). — A, 95-107.

Lamoureux. — A, 95-125.

La Moussaye (de). — A, 114.

La Mulinière (Desloge de). — B, 37.

La Musse (de). — A, 91.

Lancrau de Bréon. — A, 151; B, 49.

Landal (du Breil du Chalonge de). — B, 62.

L'Angle (de). — B, 51.

Languéouez (de). — A, 160.

Lanjamet (de). — B, 78.

Lanjuinais (de). — A, 101.

Lannion (ville). — A, 123.

Lannion (de). — A, 141.

La Nouë (Colas de). — B, 77.

La Noë ou La Noue (de). — A, 88 ; B, 64.

Lanrivinen (de). — A, 105.

Lantivy (de). — A, 143.

Lanuzouarn (de). — A, 104.

Laouenan (Mgr). — A, 127.

La Palud (de). — B, 78.

La Palue (de). — A, 143.

La Poix de Fréminville (de). — A, 103.

La Porte (de) de la Meilleraye. — B, 64-72.

La Porte Orieulx (de). — B, 64.

La Pouëze ou Poëze (de). — A, 91.

Larcher ou L'Archer. — A, 123.

Lareinty (Baillardel de). — B, 53.

Largentaye (Rioust de). — A, 93.

La Rivière (de). — A, 158.

La Rivière (Vauquelin de). — B, 31.

La Roche (de). — A, 110.

Laroche (Mgr). — A, 138 ; B, 62.

La Roche-Fermoy (de). — A, 127.

La Roche-Fontenilles (de). — B, 36-37.

La Rochefoucauld (de). — A, 87-94-94.

La Rochejaquelein (de). — A, 149-160.

La Rochejaquelein (marquis de). — B, 78.

La Roche-Macé (de). — A, 119.

La Rocherousse (de). — B, 43.

La Rochette (de). — B, 46.

La Roque d'Estuer (de). — A, 95.

La Rue du Can (de). — B, 57.

La Salle-Lanmerin (de). — B, 66-73.

La Sayette (de). — B, 64.

Lascazes (de). — A, 148.

La Selle (de). — B, 68.

Latieule (Mgr). — A, 112.

La Tocnaye (de Bougrenet de). — B, 32-58.

La Tour d'Auvergne-Corret (de). — B, 57.

La Tour d'Auvergne de Bouillon. — B, 38-61.

La Tour du Pin (de). — A, 96-112-157.

La Tremblaye (Robin de). — B, 41-51.

La Trémouille (de). — A, 147 ; B, 51-58-62-77.

La Tribouille (de). — B, 30.

Laubier (de). — B, 27.

Laubrière (Le Febvre de). — B, 49.

Laubrière (Briant de). — A, 146.

Lauc (E.). — B, 35.

L'Aulnaye (de). — A, 145.

Launay (de). — A, 88-137-140-150-156.

Launay (Busnel de). — A, 137; B, 43-78.

Launay (Le Roux de). — A, 137.

Laurencin. — A, 124-140 ; B, 55.

Lauriston (Law de). — B, 72.

Laussat (de). — B, 47-54.

Lauzanne (de). — A, 93.

Lavergne (Mgr de). — A, 107.

La Vieuville (du Cosquer). — B, 73.

La Villarmois (Artur de). — A, 161 ; B, 43.

La Ville (de) [maire]. — A, 142.

La Ville (de). — A, 154.

La Villeaucomte (de). — B, 51.

La Villebiot (Guillemot de Kercoff de). — A, 103.

La Villemarqué (Hersart de). — A, 106.

La Villeneuve (Jocet de). — B, 30.

La Villéon (de). — B, 67.

La Villesboisnet (Mgr Espivent de). — B, 43.

La Villesbret (Garnier de). — B, 38-41.

La Villestreux (Perrée de). — A, 126.

La Villethassetz (Le Court de). — A, 95-123-124.

Law. — A, 128 ; B, 72.

Le Baillif. — A, 127.

Le Barbier de Lescoët. — A, 159.

Le Barbier de Tinan. — B, 42.

Le Barrois d'Orgeval. — B, 44.

Le Bartz. — B, 32-33-73.

Le Bascle. — A, 106.

Le Bastard. — A, 98-101-137-160.

Le Bayon (Dr). — A, 135-138.

Le Bel de Penguilly. — B, 37.

Le Berre (Mgr). — A, 151.

Le Berruyer. — A, 126.

Le Bigot de Préameneu. — B, 76.

Le Bihan de Pennelé. — A, 88-160.

Le Bihan. — B, 40.

Le Bihannic de Tromenec. — B, 64.

Le Bœuf. — A, 115.

Le Borgne. — A, 90-159.

Le Borgne de Kermorvan. — A, 156.

Le Borgne de Kéroulas. — A, 90-156.

Le Boucher d'Hérouville. — B, 37.

Le Bourg de Tavannes. — A, 117.

Le Bouteiller. — A, 97-149.

Le Bret, intendant. — A, 133.

Le Bret (P.), imprimeur. — B, 58.

Le Breton. — A, 92.

Le Breton de la Haize. — B, 57.

Le Breton (Mgr). — A, 92.

Le Brigant [de Pontrieux]. — B, 34.

— 101 —

Le Cam (Mgr). — A, 137.
Le Cardinal de Kernier. — A, 122.
Le Carlier. — A, 145 ; B, 69.
Le Chat de Kersaint. — A, 126.
Le Chauff de Kerguénec. — A, 141.
Le Chauff. — B, 64.
Le Clair. — A, 60.
Le Clerc de Juigné. — A, 86-91.
Le Coat de Kervéguen. — B, 51.
Le Coat de Saint-Haouen. — B, 59.
Lecoq (Mgr). — A, 127.
Le Corgne. — A, 151.
Le Corre. — A, 131.
Le Court. — A, 95-123-124.
Le Déan de Luigné. — A, 160.
Le Déauguer. — A, 102.
Le Divezat de Kervéder. — A, 105-151.
Le Douget. — A, 99.
Lee. — A, 103.
Le Faux. — B, 76.
Le Febvre (Y.), littérateur. — B, 69.
Le Febvre de Laubrière. — B, 49.
Le Forestier de Quillien. — B, 42.
Lefournier, imprimeur. — A, 108.
Lefrançois, négociant. — B, 38.
Le Frotter. — A, 130.
Le Gac. — A, 147-149-161 ; B, 43.
Le Gac du Plessix. — B, 81.
Legal (Mgr). — A, 132.
Le Gall de Kerlinou. — B, 34-39-51.

Legeard de la Diriays. — B, 66.
Le Gentil. — A, 113-150-153-161.
Le Gentil de Paroy. — A, 150-153 ; B, 74.
Legge (de). — A, 125.
Le Goarant de Tromelin. — B, 42.
Le Goazre de Toulgoët-Tréanna. — B, 28-53.
Le Goff de Quélennec. — A, 109.
Le Gonidec. — A, 111-120-163 ; B, 48.
Le Gouz. — B, 48.
Le Gras du Luart. — A, 130.
Le Groing de la Romagère (Mgr). — A, 89 ; B, 38.
Le Grontec. — B, 39.
Le Gualès ou Goalès de Mézaubran. — A, 108.
Le Héder. — A, 114.
Le Heusaff ou d'Ouessant. — A, 125.
Le Lagadec. — A, 139.
Le Limonier. — A, 111.
Le Maczon ou Masson. — A, 108.
Le Maistre. — A, 88-91-111.
Le Marant. — A, 92-136 ; B, 33.
Le Mée (Mgr). — A, 103.
Le Meneust de Bréquigny. — B, 78.
Le Mercier de Richemont. — B, 75.
Le Mintier. — A, 100-156.
Le Moal (Y.). — B, 28.
Le Moine de Margon. — B, 63.
Le Moyne de la Borderie. — A, 143 ; B, 44.
Le Nepvou de Carfort. — B, 55.

L'Enfant. — A, 90.
Le Ny. — A, 115.
Léon des Ormeaux (de). — B, 68.
Le Pappe de Trévern (Mgr). — B, 28.
Le Peletier. — A, 116.
Le Pontois. — A, 124 ; B, 28-54.
Le Prat (Cl.), barde. — B, 43.
Le Prestre. — A, 145.
Le Prestre de Châteaugiron. — A, 153.
Le Prévost de Pressigny. — A, 125.
Le Prévost d'Iray. — B, 82.
Le Prévost de Launay. — B, 60.
Le Ray. — A, 149.
Leray (Mgr Jos.). — A, 86.
Leray (Mgr F.-X.). — A, 134.
Le Riche de Breuilhpont. — B, 45.
Lérido. — A, 150.
Le Rodellec. — A, 95-124.
Le Roux de Launay. — A, 137.
Le Roy (Alph.), imprimeur. — A, 113.
Le Royer. — A, 142.
Le Saint de Coëtarsant et de Kergrist. — A, 106-146.
L'Escale (de). — B, 70.
L'Eschevin de Prévoisin. — B, 59.
Le Sénéchal de Kercado (Mgr). — B, 55.
Lescoat, Lescoët (de). — A, 125-159.
Lesguern (de). — A, 150.
Lesireur. — B, 38.
Lesleuc de Kerouara. — A, 86 ; B, 43.
Lesleuc de Kerouara (Mgr). — A, 86.
Lesné (Mgr). — A, 106.

Lesnérac (Gautron de). — B, 69.
Le Sparler. — A, 87-155.
Lespervez (Mgr de). — B, 61.
L'Espinay (de). — A, 148.
Le Splan. — A, 138.
Lesquen (de). — A, 161 ; B, 56.
Lesquiffiou (de). — A, 143.
L'Estourbeillon (de). — A, 97-109.
Létard de la Bouralière. — B, 54.
Le Tonnelier de Breteuil. — A, 129.
Le Turdu (Mgr). — A, 116.
Leusse (de). — B, 48.
Le Vassor. — A, 148.
Le Vayer ou Veyer. — A, 95.
Le Vayer du Gripel. — B, 30.
Le Voyer. — A, 162.
Lezormel (de). — A, 123.
Libault. — A, 142.
Libault de la Chevasnerie. — B, 65.
Lignières (de Bourbon de). — B, 41.
L'Isle (de). — A, 86.
L'Isle (Guill. de). — A, 114.
L'Isle-Adam (de Villiers de). — B, 77.
L'Isle (de) du Dréneuc. — B, 38.
L'Isle (de) de Kervidou. — A, 86 ; B, 63.
Lobineau (Dom). — A, 153.
L'Olivier. — A, 131.
Longaulnay (de). — B, 61.
Longueil (de). — B, 62.
Lorgerie (Ducrest de). — B, 47-63.
Lorgeril (de). — B, 28-36-73.
Loriot (J.). — A, 132.
Louvart. — A, 111.
Loys de Marigny. — B, 49.

Lubersac (Mgr). — B, 50.
Lucas de Montigny. — B, 50.
Lucinge-Faucigny (de). — A, 159.
Luget (Delage de). — B, 29.
Luigné (Le Déan de). — A, 160.
Luker. — A, 118.
Lys (de). — A, 110-154.

Macé et La Roche-Macé. — A, 119.
Macé-le-Lièvre. — B, 45.
Mac Némara. — A ,110.
Madaillan (Ll.-J.-de). — A, 144.
Madec. — A, 133.
Magon d'Appigné et de la Gervaisais. — A, 157.
Maillard. — A, 140.
Maillard de la Gournerie. — B, 45.
Maillard de la Maillardière. — A, 94.
Maillé (de). — A, 100-153-154.
Maillé (Mgr de). — B, 74.
Maingard. — B, 78.
Malestroit (de). — A, 143 ; B, 56.
Malestroit (de) de Bruc. — A, 110.
Malézieux du Hamel (de). — B, 68.
Mando (Mgr). — A, 113.
Manoury (de). — A, 134.
Maquillé (du Bois de). — B, 38.
Marcé (de). — B, 30.
Marchands de draps de Nantes. — A, 161.
Marc'hec ou Marec. — A, 118 ; B, 48.
Marcille. — A, 104.

Marcotte de Quivières. — B, 63.
Marguerie. — A, 94.
Marie-Adelaïde, duchesse de Bretagne. — B, 60-66.
Marigny (Loys de). — B, 49.
Marin de Carranrais. — A, 87 ; B, 56.
Marion. — A, 133.
Marraud des Grottes. — B, 43.
Martel (comtesse de). — B, 42.
Martial (Mgr). — A, 156.
Martin. — A, 152.
Martin (Mgr). — A, 151.
Martin de la Baudinière. — A, 101.
Masmontet (de). — B, 35.
Matignon (de). — A, 124-162.
Mauduit du Plessix (de). — B, 56.
Méhérenc (de). — A, 107-107; B, 60.
Mellier (G.). — A, 133-158.
Mellinet-Malassis, imprimeur-éditeur. — A, 126.
Mellet. — A, 151.
Mellon (de). — A, 98.
Ménage. — A, 91.
Ménardeau. — A, 154.
Menguy (chanoine). — A, 123.
Menou (de). — B, 56.
Menou (marquis R.-F. de). — B, 28.
Merciers - quincailliers de Brest. — B, 68.
Mérel (Mgr). — B, 61.
Mesanven (de). — A, 103.
Mesmeur (Le Bastard de). — A, 98.
Mesnard (de). — A, 133.
Mesnard (Louis). — A, 96.
Messey (de). — B, 37.
Mézarnou (de Parceveaux de). — A, 126.

Mézaubran (Le Gualès de). — A, 108.

Mezléan (Rivoalen de). — B, 68.

Micault. — A, 150.

Milleville (de). — B, 71.

Miorcec. — A, 156.

Missirien. — B, 39.

Moëlien (de). — A, 147.

Moët de Romont. — B, 75.

Molac (de). — A, 92-113-124; B, 31.

Molac (de la Chapelle de). — A, 104.

Molleville (Bertrand de). — B, 40-68.

Monastère de Thymadeuc. — B, 49.

Monastère de Melleray. — B, 54.

Monouit (de) de Boiscuille. — A, 115.

Monistrol (de). — B, 52.

Monnier (E.). — A, 95.

Monnier de Bonacquet. — B, 51.

Montaigu (de) (Poitou). — A, 89.

Montaigu (de) (Auvergne). — B, 30.

Montalembert (de). — A, 108-130.

Montandouin (de). — B, 31.

Montbourcher (de). — A, 90-103-154.

Montenon (de). — B, 43.

Montfort (de). — A, 126-141.

Montgermont (Drouët de). — B, 27.

Montholon (de). — B, 74.

Monthuchon (de). — A, 144.

Monti de Rézé (de). — A, 116-133.

Monti (Y. de). — A, 136.

Montigny (Lucas de). — B, 50.

Montluc (de). — B, 54.

Montmorency (de). — A, 89-100.

Montoray (Busnel de). — A, 137 ; B, 63.

Morant (de), du Mesnil. — A, 85.

Moré de Pontgibaud. — A, 50.

Morel. — A, 128.

Morél (Dom Cyprien). — B, 37.

Morel de Foucaucourt. — B, 58.

Morel de la Martinière. — B, 65.

Morélle (Mgr). — A, 103-159.

Moricaud (F.). — A, 132.

Morice (Mgr). — A, 115.

Morin. — A, 128.

Morlac (Bréant de). — B, 64-81.

Morlaix (ville). — A, 149.

Mottin de la Balme. — A, 127.

Moucheron. — A, 88.

Mun (de). — B, 59.

Nantes (Rosmadec). — A, 87.

Nantes (ville). — A, 108-119-119-133.

Nanteuil (La Barre de). — B, 79.

Nantois (de). — B, 48.

Nepvouët (de). — B, 63.

Névet (de). — A, 137.

Nicolaï (de). — A, 122 ; B, 53.

Nicolazo. — A, 99.

Noblet. — A, 131.

Noblet (P.). — A, 142.

Noël ou Noual. — A, 155.

Nogret (Mgr). — A, 146.

Nompère (de). — A, 132.

Nouel ou Noël. — A, 155.

Nouvel (Mgr). — A, 120.

O'Brien. — A, 160 ; B, 80.

O'Héguerty. — B, 58-60.
Olivier. — A, 131-149.
Oliviero (M.-J.). — B, 61.
O'Murphy. — A, 111.
O'Neill. — A, 150.
Origny (Hutteau d'). — B, 37.
O'Riodan. — A, 94.
Orléans (I. d'). — A, 117-119.
Osmont (d'). — A, 130.
Outremer (d'). — B, 61.
Ouvrier (Mgr d'). — B, 68.

Pantin de la Guère. — A, 97 ;
B, 47-56.
Pantin de la Hamelinière. —
B, 62.
Pappe. — A, 139.
Pascal (de). — A, 146.
Parcevaux (de). — A, 126-
149.
Parscau (de). — A, 88.
Parscaou ou Barscaou. — A,
154.
Paris (Mgr). — A, 86.
Pavic. — A, 98 ; B, 38.
Payen. — A, 98-122.
Pays d'Arvor (Le), revue. —
B, 33.
Péhant (Em.). — B, 51.
Pellan (de). — B, 58.
Pellé de Quiral. — A, 162.
Pellerin (Mgr). — B, 47.
Pelleu du Champ-Renou. —
37.
Penhoat (Hervé de). — A,
139.
Penhoët (de). — A, 89-144.
Penancoët (de). — A, 85-104;
B, 27-55.
Penandreff (de). — A, 143 ;
B, 77.
Penanguer (du Parc de). —
A, 159.
Penanster (Huon de). — B,
44.

Penfeuntenio (de). — A, 138;
B, 66.
Penguern (de). — A, 102.
Penguilly (Le Bel de). — B,
37.
Penmarc'h (de). — A, 141 ;
B, 32.
Pennamprat (abbé de). — A,
132-134.
Penthièvre (amiral de). — B,
77.
Penthièvre (régiment de). —
B, 76.
Penthièvre (Jeanne de). — B,
53.
Pépin de Belle-Isle. — A, 109;
B, 44.
Péroux (de Ferré de). — B,
43-76.
Perrée de la Villestreux. — A,
126.
Perrien de Crenan. — B, 32.
Peyron (chanoine). — A, 154.
Picarda (Mgr). — A, 97.
Picot de Vaulogé. — A, 133 ;
B, 60.
Picot de Coëthual. — B, 70.
Pierre de Bernis (de). — B,
30.
Pierres (de). — A, 140.
Pigault de Beaupré. — B, 73.
Pinczon du Sel des Monts. —
A, 162.
Pinon. — A, 154 ; B, 42.
Pinot du Petit-Bois (?). —
A, 121.
Pioger (de). — A, 129.
Piolaine (Dom). — B, 62.
Piré (ville). — B, 36-60.
Piré (de Rosnyvinen de). —
A, 131.
Pitet (Charles). — B, 62.
Pitre-Chevalier. — B, 52.
Place (Mgr). — A, 157.

Plaine du Molay-Bacon. — B, 39.

Plaisance (ordre de). — Rennes. — B, 82.

Plélan (paroisse de). — B, 68.

Plihon (J.-J.), libraire-éditeur. — A, 110.

Ploësquellec ou Plusquellec (de). — A, 91 ; B, 60.

Plœuc (de). — A, 122.

Poirier (Mgr). — A, 153.

Poirrier. — A, 135.

Poilvilain (de). — A, 85.

Polignac (de). — B, 69.

Pommery (Berthe de). — B, 49.

Poncelin de Rochetillac. — A, 110.

Pontbriant (du Breil de). — A, 135 ; B, 73.

Pontcallec (de Guer de). — A, 149.

Pontchasteau (de). — B, 39.

Pontcroix (de). — A, 92-128.

Pont-l'Abbé (ville). — B, 47-69.

Pontual (R. de). — A, 117.

Port (Etienne). — A, 115.

Portzmoguer (de). — A, 120-160.

Potier. — A, 100.

Potier de Courcy. — A, 87 ; B, 80.

Potier de la Morandière. — B, 56.

Potiron de Boisfleury. — A, 142.

Potron (Mgr). — A, 100.

Poulladou (Gauthier de). — B, 34.

Poullain (Jean). — A, 91.

Poullain de Saint-Foix. — B, 67.

Poulmic (de). — A, 98-105.

Poulpiquet du Halgoët. — A, 121.

Poulpiquet de Brescanvel et de Coatlez. — A, 99-121.

Poulpiquet de Brescanvel (Mgr de). — B, 37.

Pracontal d'Ancône. — B, 62.

Pradier. — B, 28.

Préameneu (Le Bigot de). — B, 76.

Préaudeau (de). — B, 74.

Prévoisin (Leschevin de). — B, 59.

Prévost ou Provost. — A, 87-99.

Prigent ou Prégent. — A, 87.

Prigent ou Prégent de Coëtivy. — B, 65.

Primauguet (vaisseau le). — B, 79.

Priour ou Périou. — A, 162.

Priour ou Périou de Boceret. — A, 157.

Quatrebarbes (de). — A, 115.

Quélen (de). — A, 87-91-104; B, 41.

Quélen (Mgr de). — A, 100.

Quemper (de). — A, 104.

Quengo (de). — A, 95.

Quengo de Kergouët. — A, 140.

Querhoënt (de). — A, 154.

Quervilio (Jégou de). — A, 129.

Quilien. — A, 154.

Quilimadec (de). — A, 113.

Quillien (Le Forestier de). — B, 42.

Quintin de Kercadio. — A, 92.

Raguenel (de). — B, 57.

Rahier. — A, 109.

Raison du Cleuziou. — A, 155.

Rambouville (Grandin de). — B, 27.

Ranguendy (de). — B, 34.

Ravart. — A, 120.

Ravenel (de). — B, 66.

Rays (marquis de). — B, 73.

Régiment de Bretagne. — B, 64-76.

Regnault. — A, 89.

Régnier (J.). — A, 114 ; B, 48.

Regnon. — A, 126.

Regnouart. — A, 151 ; B, 73.

Rémur (Bruté de). — B, 73.

Renan-Saïb. — B, 36.

Rennes (ville). — A, 88.

Renouard de Bussière. — B, 60.

Renou-Gauvain de la Bourdonnerie. — A, 108.

Représentant. — B, 54.

Reviers (de) de Mauny. — B, 29-33.

Revol (Mgr). — B, 79.

Revue historique de l'Ouest. — A, 106.

Rézé (de Monti de). — A, 116.

Richard. — A, 93-102 ; B, 28.

Richard de Kerjean. — A, 102.

Richemont (Lemercier de). — B, 75.

Ricouart. — A, 153.

Ridel (Mgr). — A, 94-109.

Rieux (de) d'Ouessant et de Sourdéac. — A, 90-156.

Riou. — A, 128.

Riom. — A, 144.

Rioust de Largentaye. — A, 93.

Riquetti. — A, 121.

Rivoalen de Mezléan. — B, 68.

Robard (Pierre). — B, 34.

Robert I (Mgr). — B, 42.

Robien (de). — A, 125-147 ; B, 69.

Robin de la Tremblaye. — B, 41-51.

Rochechouart (de). — A, 88.

Rochefort (de). — B, 54.

Rocquet de la Tribouille. — B, 30.

Roger (Ph.-V.). — A, 161.

Rohan (de). — A, 89-138-145 ; B, 40-69-71.

Rohan-Chabot (de). — A, 105-140.

Rohan-Gié (de). — A, 101 ; B, 28.

Rohan-Guémené (de). — B, 73.

Rolland du Roscoat. — B, 77.

Ropert (Mgr). — A, 158.

Roquefeuil (de). — A, 123-127.

Rorthays (de). — B, 70.

Roscoff (ville). — A, 145.

Rosily-Mesros (de). — B, 64.

Rosmadec (de). — A, 87-103-141-158.

Rosmadec (Mgr de). — B, 80.

Rosnyvinen (de). — A, 99-131.

Rospiec (de). — A, 108.

Rostrenen (de). — A, 135-149 ; B, 69-71.

Rouard (Mgr). — A, 132.

Rougé (de). — B, 69.

Rougier de Lagane. — B, 53.

Roujoux (de). — B, 31.

Roulleaux, industriel. — B, 36.

Roussel de Courcy. — B, 81.

Rouvray de Saint-Simon. — B, 80.

Rouxel (Mgr). — A, 134.

Royer. — A, 111.

Royou (de). — B, 49.

Rubercy (de). — B, 43.

Ruinart de Brimont. — B, 37-55-82.

Saint-Aubin (de) de Plumelec. — B, 77.
Saint-Foix (Poullain de). — B, 67.
Saint-Georges (Harscouët de). — A, 114.
Saint-Gilles (de). — B, 38.
Saint-Léger (de Champs de). — B, 80.
Saint-Luc (Conen de). — A, 143.
Saint-Maur (Hingant de). — B, 80.
Saint-Nazaire (ville). — B, 29.
Saint-Pern (de). — A, 112 ; B, 45.
Saint-Pierre (de Grosourdy de). — B, 71.
Saint-Pol de Léon (ville). — A, 132.
Saint-Sauveur de Redon (institution). — B, 82.
Saisy (de). — A, 127-143.
Salaün de Kertanguy. — A, 113 ; B, 46.
Salaün, libraire. — A, 155.
Salins (Guyot de). — B, 43.
Salverte (Baconniére de). — B, 77.
Sansay (de). — A, 146; B, 69-78.
Sarrebourse (de). — A, 100 ; B, 75.
Sarsfield (de). — A, 161.
Sauvaget. — A, 100.
Sauveur de la Chapelle-Boby. — B, 69.
Savonnières (de). — A, 85.
Scépeaux (de). — B, 50.
Schmitt (Mme), abbesse. — B, 74.
Sergent (Mgr). — A, 91.

Serizay de Guillermont (de). — B, 32.
Servant (Edg.). — A, 117.
Sesmaizons (de). — A, 130.
Sévigné (Mme de). — A, 88-110-123 ; B, 19-20-53-71.
Silguy (de). — A, 136.
Simon (Mgr). — A, 116.
Simon (Fr.), imprimeur. — A, 113.
Sioc'han de Kersabiec. — B, 57.
Société Académique de Vannes. — B, 34.
Société d'Etudes historiques et géographiques de Bretagne. — A, 160.
Société de Gymnastique de l'imprimerie Oberthur. — A, 127.
Société *La Concorde*. — B, 34.
Société du Théâtre populaire de Carnoët. — B, 32.
Solages (de). — B, 72.
Suau de la Croix (du). — A, 153.

Talhouët (de). — A, 130 ; B, 46.
Talhouët de Brignac (de). — B, 28.
Taillard. — A, 88.
Taillefer (de). — A, 132-154.
Taillepied. — A, 90.
Talbot. — A, 141.
Taldir (barde). — B, 75.
Tanguy de Kerobezan. — B, 40.
Tanneguy du Chastel. — B, 48.
Taupe rennaise. — A, 134.
Tavignon (de). — A, 117.
Ternay (d'Aviau de). — B, 59.

Tesson (de). — A, 109.
Testard du Cosquer. — B, 27.
Testard du Cosquer (Mgr). —
A, 131.
Thépault. — A, 101.
Thézan (de). — A, 141.
Thiercelin de Brosse. — B,
28.
Thomas (Victor). — A, 86.
Thomas de Saint-Mars. — B,
40.
Thomelin ou Thoumelin. —
A, 86.
Tiengou des Royeries. — B,
39-52.
Tinan (Le Barbier de). — B,
42.
Tinténïac (de). — B, 61.
Tixier de Saint-Prix. — A,
141.
Toulgoët-Tréanna (Le Goazre
de). — B, 53.
Toullier (P.). — A, 138.
Tournemine (de). — A, 90.
Tournemouche. — A, 139.
Touronce. — A, 85.
Toustain (de). — A, 155 ; B,
76.
Toutenoultre de Kermarchant
et de Lehédec. — A, 155-
156.
Traonélorn. — A, 126.
Tréanna (de). — B, 72.
Trécesson (de). — B, 54.
Trédern (de). — A, 113.
Trégaro (Mgr). — A, 152.
Trégomain (de). — B, 44.
Tréogat (du Bec-Crespin de).
— A, 148 ; B, 71.
Tréouret (de). — A, 146.
Trévégan (Henry de). — A,
146.
Tréveneuc (Chrétien de). —
A, 103 ; B, 77.
Trévou (de). — A, 135.

Trobriant (Denis de). — B,
44.
Trogoff (de). — A, 155 ; B, 76.
Trolong (de). — A, 144 ; B,
68.
Tromelin (Le Goarant de). —
B, 42.
Tromelin (Boudin de). — A,
87.
Tromenec (Le Bihannic de).
— B, 64.
Tronjoly (de Parcevaux de).
— A, 126.
Tronson (de). — A, 158 ; B,
81.
Trouin du Guay. — A, 99.
Tuault. — A, 99.
Tudual. — A, 138.
Turpin de Crissé. — A, 160.

Union régionaliste bretonne.
— B, 32.

Validire. — A, 100.
Valleau (Mgr). — A, 118.
Vallée (Fr.), barde. — B, 78.
Valleton (de). — B, 46.
Valori. — A, 89.
Vannes (ville). — A, 126.
Vanssay (de). — A, 161.
Varennes (de). — A, 131.
Vasselot (de). — B, 50.
Vatar, imprimeur. — B, 35.
Vaucouleurs (de). — A, 141.
Vaulogé (Picot de). — A, 133;
B, 60.
Vaulserre (de Corbeau de). —
B, 59.
Vauquelin de la Rivière. —
B, 31.
Vedier (J.-P.). — A, 127.
Vétérans rennais. — B, 62.
Viart. — A, 162.
Vieux Bretons. — B, 45.

Vignerot du Plessis-Richelieu (de). — B, 29.

Villanfray (Charil de). — B, 49.

Villeblanche (de). — A, 90.

Villebresme (de). — B, 58.

Villemontée (Mgr de). — B, 58.

Villeneuve (de). — A, 137.

Villeneuve (du Crest de). — B, 47-63.

Villeneuve (Le Bastard de). — A, 98.

Villers (La Combe de). — B, 66.

Villiers (de). — A, 122-159 ; B, 77.

Villoutreys (de). — A, 102.

Vitré. — B, 82.

Voisins (de). — B, 57.

Walsh de Sérent. — A, 86 ; B, 65.

Wismes (Blocquel de). — B, 30.

Wolbock (de). — B, 42.

Yenis (Mgr d'). — A, 97.

Yvignac (d'). — A, 147.

Les Menhirs isolés

de

L'ARRONDISSEMENT de MORLAIX

PREMIÈRE PARTIE

I. — Inventaire des Menhirs [1]

1. — *Menhir de Kervren, en Tréflez (2).* — Au bord du chemin de Kervren au Hellan, ce menhir n'a plus que 1^{m}78, ayant été cassé à une époque assez lointaine. A côté de lui se trouve un bloc de 0^{m}40 de hauteur, sans doute la pointe du menhir, si l'on en juge par les dimensions du morceau, qui se raccordent à celles du mégalithe en place. — Dimensions : à l'Est, 0^{m}80 ; au Sud, 0^{m}33 ; à l'Ouest, 1^{m}05 ; au Nord, 0^{m}33. — Forme : grossièrement quadrangulaire. — Roche locale : gneiss de Quimperlé, où les éléments blancs forment des masses continues.

2 et 3. — *Lechs-menhirs de Lochrist.* — Au Sud de l'église et sur la route de Plounévez, à l'entrée de la première cour de ferme, deux lechs dont l'un est en tronc de cône et l'autre en tronc de pyramide.

------

(1) C'est avec plaisir que j'adresse, avant de commencer cet inventaire, tous mes remerciements à M. Le Guennec, de Morlaix, dont les renseignements, si nombreux et si précis, m'ont été de la plus grande utilité. Je dois aussi une mention toute particulière à M. l'Inspecteur primaire Kérivel, qui m'a singulièrement facilité ma tâche. Je saisis donc l'occasion de leur exprimer toute ma reconnaissance, en souhaitant, pour le reste de mon travail, des concours aussi précieux.

(2) Du Châtellier. *Les époques préh. et gaul.,* 2ᵉ édit., p. 91.

Le lech cylindro-conique était le long du cimetière, qui entourait l'église, presque en face de l'endroit où il se trouve actuellement. Hauteur, 1ᵐ46 ; circonférence à la base, 2ᵐ70 ; au sommet, 1ᵐ50. — Gneiss de Quimper.

Le second lech était, en 1872, sur le talus d'un champ bordant la route qui conduit au hameau de Pillac. Hauteur, 1ᵐ40 ; périmètre de base, 2ᵐ80 ; de sommet, 1ᵐ48. — Gneiss local, à grains très fins. (Fig. 1.)

Le premier lech ne saurait être une borne milliaire, tant il y a de différences entre la base et le sommet ; le second paraît être un menhir retaillé à une époque assez récente, pour servir de piédestal à une croix.

Je ne sais s'il faut voir dans ces deux lechs ceux que M. du Châtellier décrit à Plounévez-Lochrist en ces termes : « Lech cannelé de 1ᵐ40 (1), sur le bord du chemin près de Lochrist et lech octogonal de 1 mètre à un kilomètre au Sud de Lochrist. » (*Invent.*, p. 91.)

4. — *Lech à cupules* de l'ancien presbytère de *Lochrist*. — Renversé le long de la façade, ce lech quadrangulaire a 2ᵐ47 de long. Sa face la plus large, ornée de 17 cupules, a 0ᵐ80 au sommet, 1ᵐ10 à la base ; le côté n'a qu'une moyenne de 0ᵐ38, sans tenir compte des deux pans légèrement ébarbés. Le lech était enterré de 0ᵐ33. M. du Châtellier fait de ce lech quadrangulaire un lech octogonal parce que les côtés sont épannelés ; il lui donne à tort 3 mètres et ne mentionne pas ses cupules si nettes et si faciles à observer. (Fig. 2.)

5 et 6. — M. du Châtellier place en Goulven (*Invent.*, p. 138), un menhir surmonté d'une croix et le remet entre Lochrist et Plouescat, auprès d'un dolmen ruiné (*Invent.*, p. 91), en l'appelant cette fois lech. Ce *lech, surmonté d'une croix*, que le chevalier de Fréminville avait aperçu et que le baron Taylor fit dessiner, domine la route de Plouescat à Plounévez et se trouve à 1 kilom. 350 au Nord de Plounévez, *en face de Lanzéon*. Haut de 2ᵐ25, il est octogonal (0ᵐ70, 0ᵐ35, 0ᵐ53, 0ᵐ30, 0ᵐ51, 0ᵐ26, 0ᵐ53, 0ᵐ31) et porte le nom de Grosse Croix, *Croas-téo*. Son périmètre à la base

---

(1) Il existe en effet une cannelure, dont je parlerai plus loin. Il y a donc identité, ce que je ne saurai dire pour le lech octogonal, qu'il m'a été impossible de retrouver.

est de 3ᵐ50, au sommet de 2ᵐ20. Ce lech a un aspect trapu, très irrégulier, et la croix disproportionnée, dont il est orné, ne fait qu'ajouter à la barbarie de l'ensemble.

De Fréminville, dans ses *Antiquités du Finistère* (édit. de 1832, tome Iᵉʳ, p. 101), avait remarqué « au-dessus de Lochrist, un peu avant d'entrer dans le village, deux menhirs de 6 à 8 pieds. » L'un d'eux, surmonté d'une croix, n'est autre que le mégalithe décrit sous le numéro 5, tandis que le second paraissait avoir disparu au moment où le baron Taylor faisait son voyage en Bretagne. Or, dans le champ même où se dresse la Croix-Téo, *à cinquante mètres au Nord*, gît *par terre* un *menhir brut*, dont une partie de la base s'est cassée en tombant. Ce menhir a 3ᵐ40 de longueur ; assez large à la base (1ᵐ30), il s'amincit ù sommet (0ᵐ57), et présente une épaisseur considérable (0ᵐ70). — Roche locale : granulite grenue avec pegmatite. — Je me suis assuré que ce n'était pas une pierre dolménique, ce qui me permet d'assimiler ce mégalithe à celui du chevalier de Fréminville (8 pieds).

7, 8, 9. — Au moulin de Tournus, *trois lechs*, dont un octogonal est renversé. (Du Châtellier, p. 91). Ils n'existent plus et ont été, sans doute, employés à la construction des maisons neuves. Je n'ai pu recueillir aucun renseignement à leur égard.

10. — *Croix taillée dans un menhir, le long du cimetière de Plounévez*. Sa hauteur est de 2ᵐ20, la longueur des bras de 0ᵐ45, la largeur de la base de 0ᵐ41. Le type de cette croix est assez particulier. (Fig. 3.) — Roche locale : gneiss de Quimperlé.

11. — *Lech surmonté de croix, auprès de la gare de Plounévez*. — Ce lech, de 1ᵐ60 sans la croix, se trouve dans un talus, légèrement incliné au Sud. Il est quadrangulaire, ayant au sommet 1ᵐ38 (0ᵐ45, 0ᵐ23, 0ᵐ45, 0ᵐ25), au milieu 1ᵐ88 et à la base 1ᵐ97. — Gneiss granulitique local.

12. — *Menhir renversé de Kerzanton*, au Sud de Plounévez. Longueur, 2ᵐ90 ; largeur, 1ᵐ60 ; épaisseur moyenne, 0ᵐ50. Il se dressait autrefois sur le talus qui domine la route ; la cavité est encore visible, ce qui indique une destruction assez récente. Le menhir était dans un bois taillis, sans nom significatif. — Roche locale : gneiss de Lesneven.

13. — *Menhir, aujourd'hui enlevé, de la Garenne.* — Au village de la Garenne, dans le champ du Menhir, à 400 mètres au Nord du village, existait un menhir de 2^m60 hors de terre. Vers 1871, il fut renversé et enterré ; à ce moment, l'on trouva à sa base un vase en argile. (Du Châtellier, p. 89.)

14, 15, 16. — Dans un champ dépendant de Landisiach, à mi-chemin d'une ligne droite tirée *de Kervéret à Landisiach*, sont *trois menhirs*, dont *un debout* a 2^m20 hors de terre, et dont *les deux autres, renversés*, ont 4 mètres de long. (Du Châtellier, p. 89.)

Le menhir debout a bien les dimensions indiquées. Il est quadrangulaire à la base (0^m57 au Sud, 0^m73 à l'Ouest, 0^m60 au Nord et 0^m57 à l'Est), allant en s'inclinant et en s'amincissant au sommet (0^m35, 0^m19, 0^m25, 0^m48). Il faut noter à 0^m65 du sol une bosse assez prononcée, mais non taillée, sur la face orientale. — Gneiss local, à grains fins et très noirs (amphibole).

Ce menhir est auprès d'un talus, derrière lequel, dans une garenne d'ajoncs, se trouvent les deux menhirs renversés. L'un d'eux, très régulier et pointu, est à demi enterré dans le talus ; il a 2^m70 hors de terre et sans doute 1 mètre en terre. — A deux mètres, menhir renversé de 4^m25, qui ne devait avoir hors du sol que 3^m50. Sa plus grande largeur est de 1^m10 à la base ; le sommet quadrangulaire n'a que 0^m67 de moyenne. Ces deux menhirs contrastent vivement, par la nature de la pierre, avec le précédent, car ce sont des gneiss locaux à silimanite.

16 *bis*. — Tout cet ensemble a dû être christianisé, car auprès des deux menhirs renversés, se trouve une sorte de *borne cylindrique* de 0^m40 de diamètre, parfaitement taillée et qui a dû servir de piédestal à une croix.

17. — *Lanhouarneau*, contre le cimetière, *lech octogonal* (Du Châtellier, p. 86). — Cette pierre a disparu depuis si longtemps, qu'aucun habitant ne paraît en avoir gardé le moindre souvenir.

18. — *Menhir de Lannerien, en Plouescat.* — Situé à 2 kil. à l'Ouest du bourg, ce menhir a 5 mètres. (*Invent.*, p. 87.) Menhir taillé, dont les quatre faces ont 0^m65 au Nord, 0^m85 au Sud, 1^m50 à l'Est et à l'Ouest. Il est incliné vers

l'Ouest. Granit gris de Plouescat, avec petits filons de granulite chargée de mica blanc. Auprès du menhir; pierre quadrangulaire, à demi enterrée, qui pourrait bien être un second mégalithe.

19. — *Menhir de Saint-Edern ou de Kergouarat.* — M. du Châtellier lui donne 7 mètres ét place auprès de lui les restes d'un cromlech. Le menhir n'a que 6^{m}20, mesures qui sont également celles de M. Dizerbo, directeur de l'école de Plouescat (1). Les quatre faces du menhir sont respectivement de 2 mètres, 1^{m}80, 0^{m}90 et 1^{m}90, ce qui donne à la base 6^{m}60. Quant aux blocs entourant le menhir ce sont des rochers en place, sans aucun signe ni bassin. — Granit gris de Plouescat (granitite grise, porphyroïde, de Plouaret de la carte géologique).

20. — *Menhir d'Irvit,* en Plouescat. — Jé ne m'explique pas que ce menhir n'ait été mentionné nulle part et qu'on ne me l'ait pas signalé dans les notices qui m'ont été adres. sées. Au beau milieu d'un plateau découvert et à 300 mètres au Nord d'Irvit, ce menhir de 4^{m}80 s'aperçoit d'assez loin. Ses dimensions à la base sont de 1^{m}55 à l'Ouest, de 0^{m}65 au Sud, de 1^{m}35 à l'Est, de 0^{m}90 au Nord. Le sommet présente une bifurcation des plus curieuses, rappelant celle d'une « Pierre Cornue » du Calvados. — Roche locale : granitite grise, porphyroïde.

21. — *Lech* de 2 mètres, *au Nord du bourg.* (Du Châtellier, p. 87). — Il se trouve dans le talus d'un champ, parsemé de blocs en place, le long de la route qui conduit à Kerdanné. C'est, sans le moindre doute, un menhir que l'on a légèrement dégrossi et surmonté d'une croix. Il a 1^{m}85 de hauteur et 1^{m}80 de pourtour à la base. Les dimensions du sommet, ou plus exactement de la partie sur laquelle reposent les bras de la croix, sont de 0^{m}30, 0^{m}25, 0^{m}36, 0^{m}25 — Roche locale : granitite de Plouaret.

22. — *Menhir de Gorréploué.* — M. du Châtellier lui donne 4^{m}60, alors qu'il n'a que 3^{m}50 d'après M. Dizerbo et 3^{m}40 d'après les mesures que j'ai prises. Un dolmen se

(1) Je dois à mon collègue de Plouescat, de très intéressants renseignements sur les trois menhirs de Plouescat, n°s 18, 19 et 20 ; je l'en remercie ici au même titre que tous ceux qui ont bien voulu m'adresser des notices mégalithiques.

trouve à 120 mètres au Sud. Ses dimensions à la base sont de 1ᵐ30 à l'Est, 1ᵐ10 au Sud, 1ᵐ75 à l'Ouest et 0ᵐ25 au Nord. — Roche locale : granitite grise à éléments porphyroïdes.

A. (1). — M. du Châtellier place entre Cléder et Sibiril un menhir de 14 pieds à côté d'un dolmen. L'indication vient de l'ouvrage du chevalier de Fréminville, qui ne se piquait guère d'exactitude. Mes recherches me permettent d'affirmer qu'il n'y eut jamais de menhir et de dolmen entre Cléder et Sibiril. Les dimensions et le voisinage du dolmen concordent au contraire avec la taille et la situation topographique du menhir de Gorréploué.

23. — *Lech de Plouzévédé.* — Au sortir du bourg, avant la bifurcation d'Attilou et de Kervingant, menhir quadrangulaire de 2 mètres de hauteur, ayant à la base 2ᵐ20, au sommet 1ᵐ40. On l'a retaillé pour en faire le piédestal d'une croix. Sur l'un des côtés se trouvent deux cupules. Nom : Croas-Téo. — Roche locale : gneiss granulitique, où de petits éléments blancs prédominent.

24. — *Lech de Sibiril* (du Châtellier, p. 102). — L'inventaire, édité en 1907, place encore ce lech auprès de la mairie et le donne comme étant renversé, alors qu'il était redressé depuis 1889, à l'occasion du centenaire de la Révolution. Hauteur, 2ᵐ20 ; largeur, 0ᵐ80 et 0ᵐ60 à la base ; 0ᵐ60 et 0ᵐ45 au sommet. D'après la curieuse notice que M. Féat, instituteur à Sibiril, a bien voulu m'adresser, ce lech était dans un champ voisin de la mairie, avant 1889. — Roche locale : granitite grise, à mica noir, dont le gisement le plus rapproché est à moins d'un kilomètre.

25. — *Menhir de Kerelou,* dit Croix Scam ? Au Sud de Sibiril et à l'embranchement qui conduit au hameau de Kerelou, menhir ovoïde de 1ᵐ95 de hauteur. Sa base est de 5ᵐ10 (1ᵐ10 Nord, 1ᵐ80 Ouest, 1ᵐ55 Est) mais le milieu n'a plus que 4ᵐ60. Ce menhir était en face, mais on l'a transporté, où il se trouve actuellement, en 1880. — Roche locale : à petits grains noirâtres. C'est la granitite de Plouaret, à mica noir dominant et à grains plus petits que

---

(1) Les lettres désigneront les mégalithes dont il faut débarrasser les inventaires.

le granit, donnant de grosses boules dures, bleuâtres ou noirâtres, qui ont facilité la taille du menhir, sans doute l'une de ces boules ayant échappé à la décomposition.

26. — A 0^m80 au Sud du *menhir*, s'en trouvait un second, dont il ne reste plus que *trois morceaux*. La pointe, encore intacte, de 1^m40, est à côté de la seconde partie du menhir brisée en deux fragments se juxtaposant à merveille. De la sorte, le menhir avait au moins 2^m80, car, il y a quelques années, un fragment a été cassé pour servir de moellons.

27. — *Lech de Croas-Men, en Plougoulm.* — Au bord de l'ancienne route de Saint-Pol à Lesneven, et sur un talus dominant un carrefour, un menhir retaillé forme le piédestal octogonal d'une croix surajoutée. Il a 3^m50 de hauteur, 3^m25 de pourtour à la base et 2^m78 à l'endroit où on l'a dégrossi (0^m46, 0^m25, 0^m50, 0^m30, 0^m40, 0^m20, 0^m40, 0^m27). Le menhir primitif n'était enterré que de 0^m50. — Roche locale : gneiss granulitique.

28. — *Menhir brisé de Kervren.* — D'après le fermier, son père avait entendu dire par les anciens qu'il y avait, en face d'une croix, une pierre debout au temps de la Révolution. Auprès du piédestal de cette croix, il y a la pointe du menhir, qui semblait être quadrangulaire à angles arrondis. Sur le sommet, légère entaille, qui a dû permettre le scellement d'une croix. Le morceau qui subsiste n'a plus que 0^m90 de hauteur, mais 3^m20 de pourtour. — Roche gneissique très noire, d'origine locale.

B. — M. du Châtellier (*Invent.*, p. 98) place à Trézilidé plusieurs dolmens et menhirs, signalés par A. du Châtellier dans sa *Statistique du Finistère*. L'ouvrage date de 1837 et se contente d'indiquer tout simplement « des monuments druidiques » sans plus de commentaires (*Statistique*, fasc. 3, p. 19). M. du Châtellier, bien embarrassé pour les situer, pour la bonne raison qu'il n'y en a jamais eu, s'est empressé d'ajouter (*Invent.*, p. 98) « quelques-uns d'entre eux ont malheureusement été détruits depuis peu ». Aucune mention au cadastre ne permet de conjecturer l'existence de mégalithes à Trézilidé et aucun des nombreux habitants que j'ai interrogés ou fait interroger n'en a jamais entendu parler. Si l'on remarque que Trézilidé est au milieu d'un triangle formé par les n°ˢ 28, 27 et 29, l'erreur de la *Statistique du Finistère,* répétée et aggravée par l'*Inventaire,* s'explique aisément.

29. — *Croas-Cauvet, en Mespaul.* — Sur la route et à l'embranchement qui conduit à Kervister, menhir retaillé et gisant par terre. La face tournée vers le talus est encore fruste et porte à la base 5 cannelures ébauchées, s'arrêtant à 0ᵐ40 ; la face opposée a 8 cannelures, dont une qui n'a pas été terminée. Il ne peut y avoir que 2 à 3 cannelures sur la partie qui repose sur la terre. Longueur, 2ᵐ85, dont 0ᵐ35 autrefois enterré. Pourtour à la base 2ᵐ80, au sommet 1ᵐ90. Au sommet, trou destiné à recevoir une croix. — Roche jaune brune, gneiss à grains fins sillimanitiques.

30. — *Lech de Lanvaden, en Plouénan.* — Menhir retaillé de manière à former un lech octogonal de 2ᵐ80 de hauteur. Le sommet a comme périmètre 1ᵐ60, les 8 côtés étant sensiblement égaux, mais la base semble plus irrégulière (0ᵐ32, 0ᵐ29, 0ᵐ32, les autres côtés ne peuvent se mesurer étant dans le talus). — Roche locale : schiste du Conquet avec andalousite.

31. — *Menhir* dit la Pierre du diable, à *Pont-Plancoët, en Plougoulm.* — A droite de la route de Saint-Pol à Plougoulm, sur le versant du coteau qui fait face au moulin de Kerhoant, petit menhir, dont l'un des côtés est ébréché et se présente en arêtes vives. Sur la face Sud existent 24 cupules, partagées en deux groupes très distincts. Hauteur, 2 mètres ; largeur, 2ᵐ70 ; épaisseur approximative, 0ᵐ75.

32, 33. — *Deux menhirs,* à droite de la route de Lesneven à Saint-Pol, *en Rochigou (Invent.,* p. 101). — Ils sont disparus et aucun des fermiers de Rochigou n'a pu me donner de renseignements à leur sujet. Ils ont dû exister, car il y a un champ, dit Parc-ar-Menhir, sur le sommet du plateau qu'entaille la vallée de l'Odern.

34, 35 ? — *Menhir* au Sud de *Kerom,* en Saint-Pol (*Invent.,* p. 101). — Hauteur, 1ᵐ80 ; largeur à l'Ouest, 1ᵐ90, au Sud 0ᵐ70, à l'Est 1ᵐ60, au Nord 0ᵐ50.

A un mètre de ce menhir, *débris d'un second.* Hauteur du morceau encore existant 0ᵐ90 ; largeur, 1ᵐ30 ; épaisseur, 0ᵐ80.

Les deux menhirs sont placés sur un talus, dominant légèrement le champ, au milieu duquel ils se trouvent. Cette disposition rappelle celle des deux menhirs, situés à côté l'un de l'autre, que l'on trouve à Landaoudec, en Crozon. — Roche locale : granit gris de Plouescat ou de Plouaret.

C. — M. du Châtellier place un menhir à côté du dolmen de Keravel, en Roscoff. Il n'y en a jamais eu, mais par contre, il existe *trois dolmens, dont l'un avec bassin superbe.*

36. — *Auprès de l'ancienne chapelle de Saint-Pol*, aujourd'hui dédiée à Notre-Dame de Bonne Nouvelle, le chevalier de Fréminville a vu (t. I, p. 73) un *menhir de six pieds et demi*, aux côtés duquel se trouvaient les restes d'un dolmen mutilé et plusieurs grosses pierres, que l'auteur pensait être les débris d'un cromlech. Je montrerai plus loin qu'il s'agit de pierres sépulcrales.

37. — De Fréminville (t. I, p. 75) signale, *au milieu de la place de Roscoff*, une *pierre brute, plantée debout*, de trois pieds et demi, surnommée par les habitants « le vieux Roscoff ». Ce petit menhir est sans doute celui dont parle M. du Châtellier comme se trouvant au Sud de la ville et ayant un mètre de hauteur. (*Invent.*, pp. 100-101). Le menhir a dû être déplacé après 1837 et mis au bord de la route; il en fut enlevé il y a une vingtaine d'années.

38. — *Menhir de l'île de Batz*. — Par suite d'une inadvertance de M. du Châtellier, la commune de Trezilidé se voit gratifiée des monuments de l'île de Batz. Il faut donc replacer à Batz ce menhir de 2 mètres, que l'*Inventaire* de 1907 place encore à Trezilidé, sur le bord d'une route appelée Streat-ar-Menhir. Hauteur, 1^m70. Le menhir a été cassé à une époque récente et jadis on avait le plus grand mal à monter dessus (Communication de M. Michel Floch, ancien instituteur à l'île de Batz). Je ne saurais dire quelle pouvait en être la hauteur. Largeur, 1^m50 ; épaisseur, 0^m35. — Roche locale : granite de Plouescat.

39 ? — *Morlaix*. — Au XVe siècle, il y avait, sur l'une des hauteurs qui dominent la vallée, une *pierre* que l'on appelait la *Danseuse*. Les nombreuses légendes de menhirs

qui tournent sur eux-mêmes permettraient peut-être d'identifier cette pierre avec celles qui dansent à midi ou à minuit.

40. — *Lech de la place de Plourin.* — Au milieu du bourg, on voit un menhir qui y a été transporté d'un champ aux issues Sud du bourg. (*Invent.* du Chât, p. 85.) (Notice très intéressante de M. Michel Floch, instituteur).

D'une hauteur de 3^{m}20 ; les deux faces ont 0^{m}65 et 0^{m}45, ce qui donne un périmètre de 2^{m}20. Le lech est enfoncé de 1^{m}50. Les côtés ont été retaillés jusqu'à 0^{m}30 du sol. — Roche locale : leptynolite grenue et fissurée.

41. — *Menhir de Lengoz, en Taulé.* — Hauteur, 2^{m}40. La face Ouest a 0^{m}95 ; les autres côtés étant encastrés dans le talus, il est impossible de les mesurer. Ce menhir est à 60 mètres d'un dolmen, il est brut et présente une pointe assez amincie. Roche locale : schiste cristallifère avec lit de quartzite.

42. — M. du Châtellier (*Invent.*, pp. 81-82) place *à la pointe de Primel* plusieurs menhirs et dolmens, aujourd'hui détruits. Il en existe encore un dans le jardin de la propriété Vérant.

Connu sous le nom de « Pierre à la Vache », le *menhir* a 2^{m}45 de hauteur et 4^{m}10 à la base (1^{m}50 au Sud-Est, 0^{m}30 au Nord, 1^{m}45 au Nord-Ouest, 0^{m}85 au Sud). — Roche locale : granit rose de Saint-Pol à la base et granit gris de Roscoff au sommet.

43. — Auprès de la chapelle de Lorette et *au sortir de Plougasnou, lech renversé.* Longueur, 1^{m}55 ; base, 2^{m}54 0^{m}63+0^{m}64); sommet 1^{m}18 (0^{m}27+0^{m}31). — Granit local.

44. — M. du Châtellier place à 50 mètres au S.-S.-O. du *village de Goaz-Meur,* un *menhir* de 3 mètres de hauteur, enfoui de 0^{m}58. Il n'a que 2^{m}50 de haut et comme largeur 1^{m}43, 0^{m}65, 1^{m}45, 0^{m}85. L'un des côtés est en partie cassé. — Roche locale : épidiorite.

45, 46. — *Dans le cimetière de la chapelle de Kermouster,* en Plougasnou, *petit menhir.* — Hauteur 1^{m}30. Pourtour au sommet, 1^{m}48 ; à la base, 2^{m}30. Ce lech est très profondément enterré et à peine dégrossi. Kermouster se trouvant au beau milieu d'une région limoneuse, d'où ne sort aucune roche en place, il a fallu que ce lech vînt d'assez loin. Appartenant à une variété de granit rose, il ne peut venir que des gisements situés à un kilomètre au Nord (granit rose de l'Aber-Ildut).

Lors de la démolition de la vieille chapelle de Saint-Sébastien, on y trouva un *lech plus grand*, que l'on a *encastré dans l'un des pignons*, lors de la reconstruction de 1902. Recouvert par le crépissage, il est impossible de découvrir ce second lech.

47. — M. du Châtellier se contente de mentionner, à *Saint-Jean-du-Doigt*, le *menhir de Kerprigent. (Invent.*, p. 82).

Au milieu d'un bois de pins et non loin de la route, ce menhir imposant a 5 mètres de hauteur et 7 mètres de pourtour. Il est brut et grossièrement quadrangulaire. Dimensions des côtés : 1^{m}40, 2^{m}60, 1^{m}25, 1^{m}75. — Roche locale : quartzite cristallin.

48, 49, 50. — *Sur le sommet d'un plateau à Kereonec*, j'ai découvert *trois menhirs*, connus des habitants sous le nom de « Trépied ». Le plus éloigné au Nord a 3^{m}25 de hauteur et de largeur 1^{m}10, 1^{m}50, 0^{m}23, 1^{m}55.

A 30 mètres, un second menhir a 2^{m}90, et son périmètre est de 4 mètres environ (2 mètres, 0^{m}45, 0^{m}55...) Le dernier côté n'a pu être mesuré, à cause de l'enchevêtrement du taillis. Un talus sépare ce deuxième menhir du premier.

A 15 mètres de ce second menhir, il en existe un troisième de forme très différente et plus petit. Il n'a que 2^{m}10 et 3^{m}10 de pourtour à la base, 3^{m}40 au milieu plus renflé. A 2 mètres de ce menhir, à la surface du sol, il y a une grande pierre quadrangulaire, à demi enterrée, ayant 2 mètres de longueur, 0^{m}78 de largeur et 0^{m}60 d'épaisseur.

Ces trois menhirs sont en granit rose de l'Aber-Ildut passant au Gabbro et ont été transportés soit de Kerarpont au Nord, soit de Keronec au Sud, localités situées à 500 mètres environ du lieu où se trouvent aujourd'hui les trois menhirs.

51. — *A Kermerchou, en Lanmeur, menhir (Invent.*, p. 80). — Situé dans le chemin qui conduit à la ferme, ce

petit menhir quadrangulaire n'a que 1^m53 de hauteur. La base comporte un périmètre de 1^m80 et le sommet n'a qu'un pourtour de 1^m65. — Espèce de granit où de petits éléments blancs prédominent. Je ne sais comment définir cette roche et je ne vois pas comment la rattacher aux gisements voisins.

52. — *Menhir à Ru-Peulven* (*Invent.*, p. 80). — M. du Châtellier laisse croire que ce menhir est toujours existant, alors qu'il a été *détruit* il y a plus de cinquante ans. Je n'ai pu en découvrir l'existence que par le cadastre. Le propriétaire du champ (Parc-ar-Men) me dit avoir entendu raconter qu'autrefois des pierres ont été enlevées de cette parcelle et déposées dans le chemin qui y conduit. Il existe en effet de nombreux blocs plus ou moins cassés, dont l'un a tout à fait la forme de la pointe d'un menhir.

53. — *Lech à rainures, au Sud de Lanmeur*, sur la route de Morlaix. — Adossée au mur de la ferme et à l'entrée de la cour, une pierre quadrangulaire, régulièrement taillée, présente hors de terre 1^m20. Elle à 0^m60 à la base, 0^m46 au sommet et 0^m26 de côté. Sur la face tournée vers l'intérieur de la cour existent 6 rainures très nettes et s'arrêtant à 0^m40 du sol. Les fermiers n'ont pu me fournir aucun renseignment sur cette pierre, qui les intrigue fort.

54. — Dans le *cimetière de Guimaëc*, M. du Châtellier place un *lech* de 8 pieds (*Invent.*, p. 79). Il est depuis longtemps *disparu* et je n'ai rien pu recueillir à son sujet.

55. — M. du Châtellier place à Plounéventer plusieurs menhirs. Il convient d'abord de remarquer que les communes de Lanneuffret et de Saint-Derrien ont éé englobées à tort dans celle de Plounéventer. De plus, deux menhirs indiqués par M. du Châtellier n'en font qu'un, celui de Kerandraon-Kerioal.

Ces réserves faites, il faut mentionner, comme étant *détruit*, le *menhir* de 1^m60 qui se trouvait à côté du dolmen de *Clos-ar-Bolan*. Les dernières pierres ont été enlevées en 1910, sans que l'on ait rien trouvé, lors de la destruction, de cet ensemble mégalithique.

56. — Le *menhir* situé vis-à-vis du manoir de *Kerandraon*, et le menhir de 2^m10 au Nord de la vieille route de

La Roche à Morlaix, ne forment qu'un seul et même monument. Administrativement, ce menhir appartiendrait à la commune de Lanneuffret.

Long de 2ᵐ50, enterré de 0ᵐ45, le menhir fut renversé par suite d'une fouille exécutée en 1897. Sa plus grande largeur est de 1ᵐ05, le sommet n'ayant que 0ᵐ27. Il est dans un bois taillis, à moins de 30 mètres d'un vieux chemin. — Roche locale : gneiss de Brest.

57. — *Lech renversé* et à demi enterré *de Kermanach*. Longueur 1ᵐ70 hors de terre ; largeur à la base, 0ᵐ72.

58. — *A la limite de Plounéventer et de Trémaouézan*, il existe un village portant le nom de Menhir. Il paraît qu'il existait au carrefour des routes, auprès d'une croix assez récente, un *menhir* encore debout avant le second Empire. Il semble qu'il y en ait encore les débris et très vraisemblablement la pointe, le long de la route de Plounéventer, à quelques mètres du carrefour. Le menhir était en pierre noirâtre et bleuâtre, c'est-à-dire en granit à amphibole, roche locale.

59. — *Menhir renversé et brisé de Tréguerné*, en Saint-Derrien. — Au bord d'un ruisseau, menhir brisé en 4 morceaux ; longueur, 3ᵐ28 ; épaisseur, 0ᵐ65 à 0ᵐ70 ; largeur maximum, 1ᵐ50. Ce menhir est orné de dessins sur lesquels je reviendrai plus tard. — Roche locale : gneiss granulitique.

60. — *Lech renversé* auprès de la première maison de *Tréguerné*, en venant du Sud. D'une longueur de 5ᵐ60, il est resté brut à la base sur 1ᵐ20. Cette partie doit correspondre à ce qui était enterré. La face la plus large n'a que 0ᵐ44 au sommet, 1ᵐ20 à la base, à partir de l'endroit qui a été dégrossi.

61. — *Menhir debout à Kergual, en Trégarantec*. — Au fond d'une prairie marécageuse, appartenant à M. Miorcec de Kerdanet, se dresse un menhir de 2ᵐ20, ayant à la base 0ᵐ81, 1ᵐ50, 1ᵐ25 et 1ᵐ20. — Gneiss granulitique analogue à celui de Tréguerné.

62. — *A Commana*, M. du Châtellier (*Invent*, pp. 104-105) place un *menhir* de 5 mètres de hauteur, sur 1ᵐ60 de lar-

geur et 1 mètre d'épaisseur. Il se trouvait au bord du chemin conduisant à Saint-Sauveur, à 200 mètres du Quillidiec. Le menhir a *disparu*.

63. — *Lech cylindro-conique sur la place de l'église.*
Il a 2ᵐ20 de hauteur, 1ᵐ40 de pourtour au sommet et 2ᵐ60
à la base. Il est encastré dans un talus bordant la route de
Plonéour-Ménez. — Granit local, dit de Plouaret.

64. — *Le Cloître.* — Menhir de 3ᵐ50 de circonférence, à
500 mètres à l'Ouest du bourg. (*Invent.*, p. 103.) Ce menhir,
connu sous le nom de la Pierre droite, ar-Men-Zon'n, à
5ᵐ40 de tour (2ᵐ50 au Sud-Ouest, 1ᵐ25 au Nord-Est, 0ᵐ50
et 1ᵐ10 au Nord). Hauteur, 4ᵐ10.

65. — *Le Cloître, sur le flanc d'une colline* hérissée de
blocs naturels et *dominant la route de Morlaix au Huel-
goat, menhir à demi renversé* contre le talus d'un petit sentier, au milieu d'un bois taillis. Hauteur, 3ᵐ70 ; largeur,
2ᵐ20 ; épaisseur, 0ᵐ90. Ce menhir est très régulier et présente une forme quadrangulaire tout à fait nette. — Granit
local, dit de Plouaret.

66, 67. — M. du Châtellier place *à Kergloas, en Plougonven*, trois menhirs, alignés d'Est en Ouest, à 100 mètres
l'un de l'autre. Les habitants du pays n'en ont jamais vu
que deux et leurs traditions ne parlent que de *deux mégalithes*. Toutefois, il se pourrait qu'il y en ait eu un troisième, car, à 10 mètres du menhir le plus occidental, il
existe un bloc cassé qui pourrait bien être le troisième
monument de M. du Châtellier.

Le menhir de l'Ouest, qui a 4ᵐ90 de pourtour, a 5ᵐ05 de
hauteur. Les dimensions des côtés sont 1ᵐ15 au Sud, 1ᵐ30
à l'Est, 1ᵐ10 au Nord, 1ᵐ25 à l'Ouest. Ce mégalithe a l'aspect d'une aiguille et se termine en pointe. — Gneiss de
Brest.

Le menhir de l'Est, à 50 mètres du précédent, a 5ᵐ80 de
pourtour et 3ᵐ30 de hauteur seulement (0ᵐ90 à l'Ouest, 2ᵐ10
au Nord, 0ᵐ80 à l'Est, 2ᵐ20 au Sud. — Gneiss de Brest.

68. — *Menhir de Plouigneau* (1) (*Invent.*, p. 93). — Il a
bien la hauteur indiquée par M. du Châtellier, 5ᵐ60, mais

---

(1) J'adresse ici tous mes remerciements à M. Drapien, instituteur à Plougonven, et à M. Thomas, instituteur à Plouigneau,
pour leurs excellentes notices.

il est beaucoup plus large (3 mètres) et présente au milieu
une épaisseur de 1 mètre. On le trouve non loin de la
ferme de Créchéder, dont il dépend. — Granit local.

69. — *Le menhir renversé de Tachen-ar-Peulven*, placé
par M. du Châtellier au Sud de Plouigneau (*Invent.*, p. 93)
est plutôt au Nord-Est. Il est cylindro-conique. Longueur,
3ᵐ90. La section du sommet et celle de la base donneraient
des ellipses, dont les axes seraient 0ᵐ39 et 0ᵐ37, 0ᵐ50 et
0ᵐ57. — Leptynolite locale.

70, 71. — *Plouégat-Moysand.* — *Dans la chapelle de
Saint-Laurent* du Pouldour, il y a, à droite et à gauche de
la nef, avant l'entrée du chœur, *deux pierres levées*, taillées
régulièrement et à demi-encastrées dans les murailles. Elles
ont l'apparence de menhirs ou de lechs. (M. Le Guennec.)

Celui de gauche a 1ᵐ80 et est à peu près quadrangulaire (0ᵐ30 × 0ᵐ50), celui de droite qui n'a que 1ᵐ60 est
légèrement incurvé au milieu (côtés 0ᵐ22 et 0ᵐ26).

Ces deux pierres ont été enduites de crépis et blanchies
à la chaux, pour en masquer la pierre. Pour les orner, on
a fait faire des calottes en bois, surmontées d'une croix.

72. — *Menhir de Guerlesquin.* — M. du Châtellier lui
donne 6 mètres ; il n'a que 5ᵐ50. Pourtour, 4ᵐ10 (face Ouest,
1ᵐ40, face Sud, 0ᵐ80 ; face Est, 2ᵐ60 ; face Nord, 0ᵐ30).
Ce menhir, au sommet d'un plateau battu par les vents, se
dégrade facilement par suite de la nature de sa pierre.
(Très bonne notice de M. Vivier, instituteur à Plouégat-
Moysan). — Granit local fort tendre.

73. — *Dans la chapelle ruinée de Saint-Thégonnec, en
Guerlesquin, lech ou petit menhir de 1 mètre environ*, placé
à peu près au milieu et à gauche de l'axe de l'édifice.
(M. Le Guennec.)

Il est à 3ᵐ70 de la porte d'entrée et à 0ᵐ70 du mur
latéral. Haut de 0ᵐ70, mais profondément enterré, sa circonférence au sommet est de 1ᵐ70, de 1ᵐ95 à la base. —
Granit local...

---

(2) Le menhir occidental, au milieu, est d'un gneiss plus jau-
nâtre que celui du menhir cassé et du menhir oriental. Est-ce
voulu ?

74, 75, 76. — *Menhirs détruits à Créach-Peulven (Invent.,* p. 92).

Il y en avait *trois,* formant un « trépied » sur les hauteurs de Manary et ont été détruits il y a une cinquantaine d'années. Ils avaient dans les 3 mètres d'après le fermier du Cueff, qui les a vus dans sa toute jeunesse et a même grimpé sur l'un d'entre eux.

CONCLUSION. — Pour établir une comparaison entre le dernier inventaire, celui de M. du Châtellier et celui que je viens d'établir, il importe de dresser les deux tableaux qui suivent :

LECHS & CROIX

	DU CHATELLIER		MON INVENTAIRE	
Lechs sans indication de formes.	5. 7. 8. 21. 40. 54....	6	....	0
Lechs disparus..............	....	0	7. 8. 9. 17. 37. 46. 54.	7
Lechs à section canée..........	37...................	1	....	0
— — quadrangulaire.	....	0	2. 4. 23. 43. 57. 70. 71.	7
Lechs à section quadrangulaire et à angles rabattus..........	24...................	1	11. 24. 27. 40.........	4
Lechs en tronc de pyramide....	....	0	60....................	1
Lechs en tronc de cône........	63..................	1	3. 63. 73............	3
Lechs cylindriques.............	....	0	16 bis..............	1
Lechs octogonaux.............	3. 4. 5. 9. 17.........	5	5. 30.............	2
Lechs cannelés.............	....	0	29. 53............	2
Lechs à cupules..........	....	0	(4) (23)	(2)
Lechs grossiers.............	....	0	21. 45............	2
Croix menhirales.............	....	0	10.................	1
	Total.........	14	Total.........	30

J'ai donc singulièrement complété l'inventaire de M. du Châtellier, puisque j'ai pu *cataloguer 30 lechs au lieu de 14 et les classer dans la proportion de 76 0/0 au lieu de 36 0/0.*

MENHIRS

	DU CHATELLIER		MON INVENTAIRE	
Menhirs debout............	1. 14. 18. 19. 22. 34. 38. 44. 47. 51. 55. 62. 64. 66. 67. 68. 72...	17	1. 14. 18. 19. **20.** [1] 22. **25. 31.** 34. 38. **41. 42.** 44. 47. **48. 49. 50.** 51. **61.** 64. 66. 67. 68. 72............	24
— renversés.............	15. 16. 69.............	3	**6. 12.** 15. 16. 56. **59. 65.** 69..............	8
— cassés.................	....	..	**26. 28. 35. 58**.......	4
— disparus..............	13. 32. 33. 52. 74.....	5	13. 32. 33. **36. 39.** 52. 55. 62. **74. 75. 76**..	11
Menhirs à éliminer (aucun indice certain)......................	A. B. C. 56.............	....	....	
Menhirs à cupules.............	....	....	(31)........	
Menhirs à sculptures...........	....	....	(59)....	
	Total.........	25	Total........	47

(1) J'ai grossi les menhirs que j'ai pu découvrir (9 debout, 4 renversés, 4 cassés, 5 disparus.

M. *du Châtellier n'admet* donc pour l'arrondissement de Morlaix, *que 14 lechs et 25 menhirs, soit une quarantaine de mégalithes ; mon inventaire en porte le nombre à 77, dont 47 menhirs.* Je ferai remarquer qu'à côté de menhirs peu élevés (25, 31, 41, 42, 49, 50, 61), il y en a un de plus de 3 mètres, le numéro 8, et un autre qui atteint 5 mètres, le numéro 20.

DEUXIÈME PARTIE

II. — Les conséquences à tirer de cet inventaire

A. *Répartition des lechs et des menhirs*

1° De même que je l'avais constaté pour l'arrondissement de Brest, *les mégalithes deviennent de plus en plus nombreux au fur et à mesure que l'on descend de l'intérieur vers la côte* : cependant, il n'y a pas disparition pleine et entière comme à l'intérieur du Léon. De l'anse de Goulven à la baie de Saint-Michel-en-Grève, *la ligne de fréquence,* unissant tous les points à 8 kilomètres du littoral, *laisse au sud 21 lechs ou menhirs*, à Trégarantec, Saint-Derrien, Plounéventer, Laneuffret, Commana, Le Cloître, Plougonven, Plouigneau, Guerlesquin, Botsorhel, Plouegat-Moysand. *Jusqu'à 8 kilomètres de la mer*, il y a donc une proportion très considérable de mégalithes, *soixante-treize pour cent*, tandis qu'*au delà de 15 kilomètres*, il n'y a plus que les deux centres de Commana et de Créach-Peulven, en Botsorhel, avec 5 mégalithes, dont 4 aujourd'hui disparus (*proportion 6.4 pour cent*).

Mais il est une seconde remarque encore plus digne d'attirer l'attention. A Morlaix, bien plus qu'à Brest, *les menhirs se placent dans les vallées ou sur les hauteurs qui les dominent.* Le simple examen de ma carte de répartition, où je n'ai figuré que les principaux thalwegs, suffit à le montrer. Les menhirs, qui se trouvent situés sur la crête d'une vallée, sont de beaucoup les plus nombreux (1, 13, 14, 15, 16, 25, 26, 28, 31, 32, 33, 34, 35, 39, 44, 47, 48, 49, 50, 51, 52, 56, 58, 59, 61, 62, 64, 66, 67, 68, 72, 74, 75, 76). A côté de ces 34 cas, il y en aurait deux autres où cette position topographique serait moins nette (12, 22) (1). Quoi qu'il en soit, *72 0/0 des menhirs dominent une vallée, ou se trouvent à l'endroit où plusieurs ruisseaux prennent leur*

____

(1) Je ne les fais pas entrer en ligne de compte dans les 72 0/0.

Carte n° 1. – Répartition des lechs et menhirs

Echelle 1 : 250000e

Signes.

Δ. Menhir debout
.... cassé
.... renversé
□ Lech debout
.... cassé
.... renversé
▲ Menhir disparu
▪ Lech disparu.

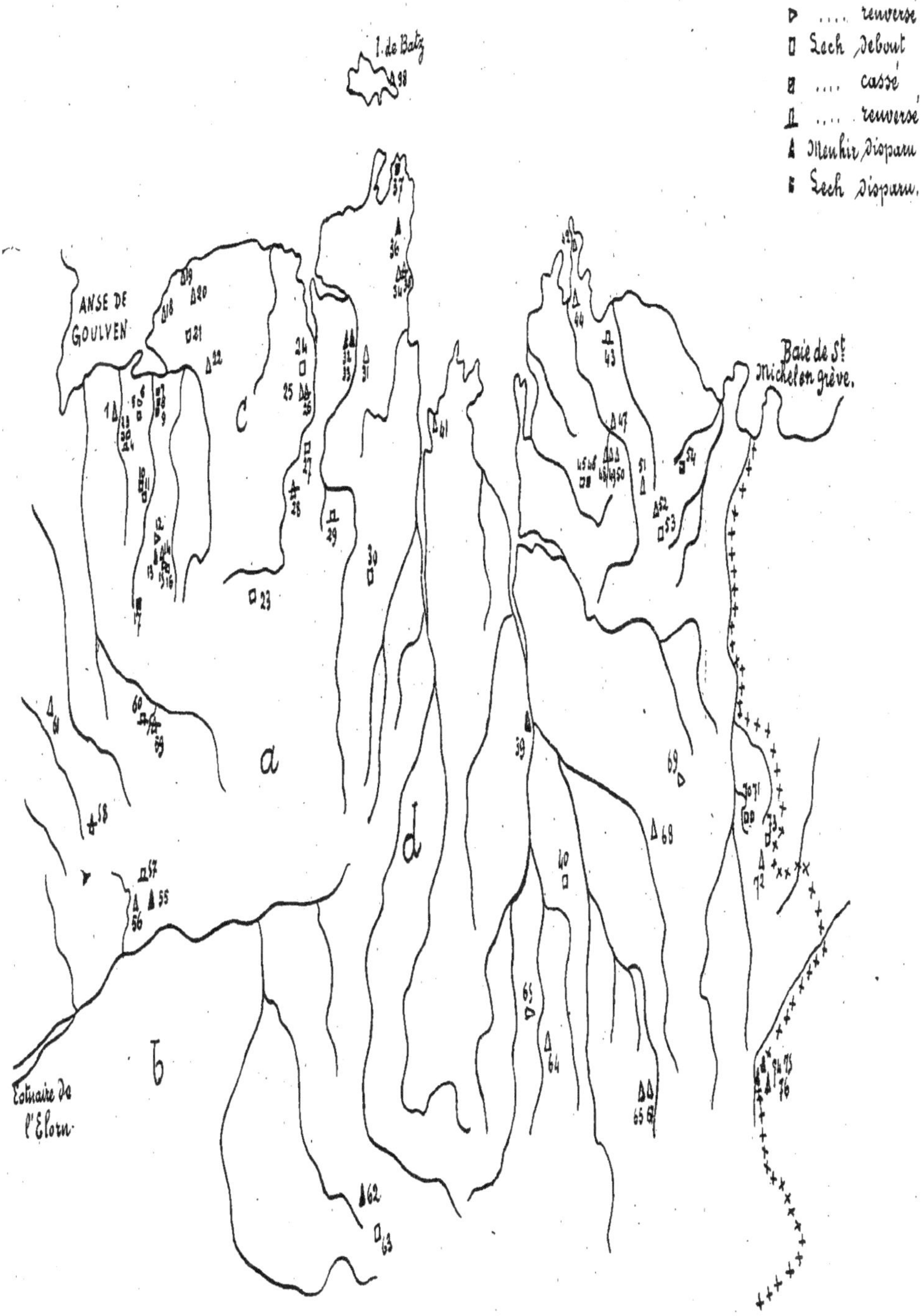

I. de Batz
ANSE DE GOULVEN
Baie de St Michel en grève.
Estuaire de l'Elorn
a
b
c
d

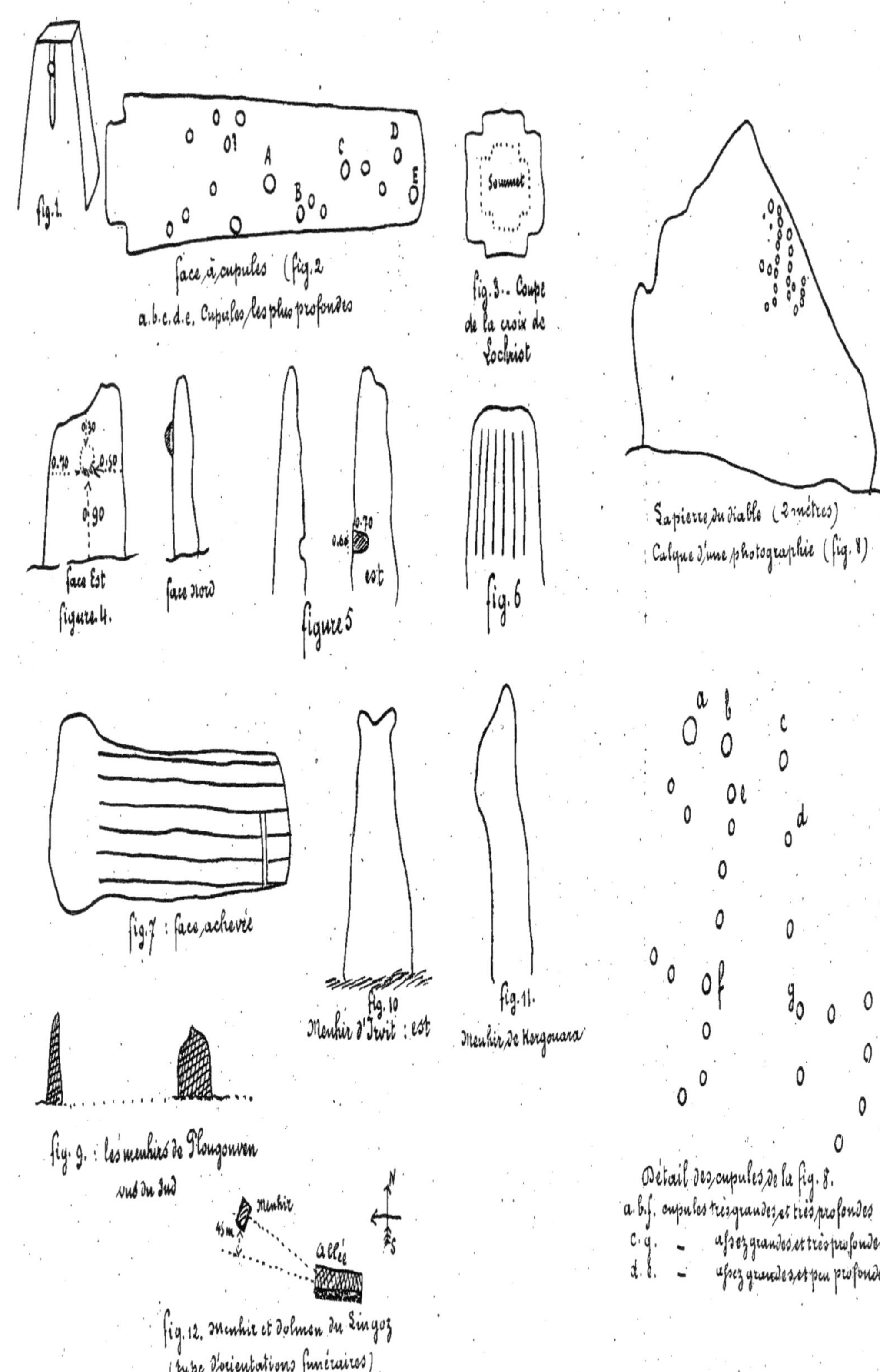

fig. 1.
face à cupules (fig. 2
a.b.c.d.e. Cupules les plus profondes
fig. 3. - Coupe
de la croix de
Lochrist
Sommet
face Est
figure 4.
face Nord
0.30
0.70
0.50
0.90
figure 5
0.60
est
0.70
fig. 6
La pierre du diable (2 mètres)
Calque d'une photographie (fig. 8)
fig. 7 : face achevée
Menhir d'Irvit : est
fig. 10
fig. 11.
Menhir de Kergouara
fig. 9 : les menhirs de Plougonven
vus du Sud
Menhir
45 m
allée
N
S
fig. 12. Menhir et dolmen du Lingoz
(type d'orientations funéraires)
a
b
c
e
d
f
g
Détail des cupules de la fig. 8.
a.b.f. cupules très grandes et très profondes
c.g.   —   assez grandes et très profondes
d.e.   —   assez grandes et peu profondes

source, en de véritables centres de dispersion hydrographique. *Les lechs* reproduisent également cette particularité : (2, 3, 4, 10, 11, 16 *bis,* 17, 24, 27, 29, 30, 40, 54, 57, 60, 70, 71, 73). Il y en a 18 et peut-être 19 (n° 23), soit une *proportion de 60 0/0 et de 70 0/0,* en ajoutant les trois lechs du moulin de Tournus (7, 8, 9), dont je n'ai pu repérer l'emplacement exact.

Au bord de la mer et à l'écart de toute voie fluviale, il n'y a que les menhirs 6, 18, 19, 20, 36, 38, 41, 42 et trois lechs, 5, 21, 37. Ce n'est, dans le premier cas, qu'une *proportion de 17 0/0 et,* dans le second, *de 10* seulement. — Enfin, si l'on veut rechercher quels peuvent bien être les menhirs ou les lechs placés à l'écart d'un ruisseau, *et loin de la mer,* il n'y a que deux menhirs, les numéros 55 et 69, et cinq lechs (43, 45 ?, 46 ?, 53, 63). La proportion est infime : *4.2 pour les menhirs et 17 pour les lechs.*

Faut-il en conclure que tous ces mégalithes sont dus à des peuples maritimes ne s'établissant qu'au bord de la mer et des principales rivières qui s'y jettent ? Je n'oserais le prétendre, en dépit de certains textes de Strabon et de Tacite. Ce qui viendrait à l'appui de mon hypothèse, c'est que les blancs de ma carte correspondent justement à des régions privées de cours d'eau : *a)* Plougar-Plougourvest, *b)* Ploudiry, *c)* de Plouescat à Sibiril. L'anomalie de la région *d)* peut s'expliquer par une cause toute historique, la présence entre Taulé et Plounëour-Ménez de toute une pléiade de saints. J'ai constaté que les rochers à légendes chrétiennes y sont plus nombreux que partout ailleurs. Du reste, beaucoup de localités gardent encore les noms des saints venus, aux VI° et VII° siècles de notre ère, en Armorique. Je cite, au hasard, Locquénolé, Sainte-Sève, Saint-Thégonnec, Lampaul, Mespaul, Guimiliau, Loc-Eguiner, Loc-Melar ; Saint-Sauveur, Pléyber-Christ, etc. Peut-être est-ce là l'explication de cette lacune, qui semblerait infirmer l'hypothèse émise plus haut.

2° Alors que dans l'arrondissement de Brest, les lechs et les menhirs semblaient s'exclure, il n'en est pas de même ici. *Il faut* cependant *distinguer deux régions, que délimiterait une ligne partant de Lanhouarneau (n° 17), pour aboutir au n° 53,* en passant par les lechs 23 et 30.

La région septentrionale comprend, à *elle seule, 23 lechs* sur une totalité de *30, et 30 menhirs* sur un ensemble de *47*, mais il importe de distinguer l'ouest et l'est. Entre Tréflez et Plouescat, c'est-à-dire dans la partie occidentale, il y a plus de lechs que de menhirs (12 contre 11), tandis que de Plouescat à Morlaix et surtout de Morlaix à Lanmeur, les menhirs redeviennent plus nombreux (19 contre 11). Ainsi la région Tréflez-Plouescat forme une véritable enclave entre les deux régions menhirales de Brignogan (arr. de Brest), et de Saint-Pol (arr. de Morlaix). Elle semble donc avoir été plus évangélisée, si l'on accepte que le lech soit une transformation du menhir.

Au sud de la ligne que j'ai tracée de Lanhouarneau à Lanmeur, *les lechs sont extrêmement rares.* Il n'y en a que 7 (60, 57, 63, 40, 70, 71, 73), les menhirs étant au nombre de 16. Aussi cette seconde région se distingue profondément de la première, et, comme elle, elle présente des subdivisions dues à des réalités historiques. Le premier groupe très net est celui de Plounéventer-Saint-Derrien (cinq menhirs, deux lechs) ; le second est constitué par le centre de Commana (un menhir, un lech); le dernier, que limite à l'ouest la rivière de Morlaix, nous présente 11 menhirs et seulement 4 lechs. Cette deuxième région a donc mieux gardé que la première son aspect primitif et ses mégalithes ont été beaucoup moins transformés. Les habitants ont d'ailleurs gardé bien plus de légendes significatives, et les menhirs du sud ont presque tous leur histoire.

Si l'on établissait une proportion, *la région septentrionale aurait* donc *1,3 menhirs pour un lech* et *la partie méridionale 2,3 menhirs pour un mégalithe transformé.*

3° Pour terminer ces premières considérations, il faut examiner quels sont les *lieux où se trouvent aujourd'hui ces lechs et ces menhirs.*

a) *Le long d'un chemin.* C'est le cas des *menhirs* 1, 6, 12, 18, 19, 20, 22, 25, 26, 27, 28, 29, 32, 33, 36, 37, 38, 44, 47, 51, 52, 56, 58, 59, 62, 65, 66, 67, 68, 69. Il y en a donc 30 sur une totalité de 44, trois menhirs n'ayant pu être repérés exactement : *la proportion est* donc *de 68,1. Les lechs* sont au nombre de 16 (2, 3, 4, 5, 10, 11, 17, 21, 23, 24, 30, 43, 53, 57, 60, 63), ce qui donne le *pourcentage de 54 0/0.* Ces chiffres correspondent à ceux que j'avais trouvés pour l'arrondissement de Brest.

Si l'on veut préciser davantage et distinguer les lechs et les menhirs posés le long d'une route, placés en face d'un chemin et au carrefour de plusieurs voies, il est possible d'en tirer quelques conclusions voisines de celles que j'avais déjà obtenues : 1° *le long d'une route : lechs* 5, 11, 30, 60 *(proportion 13.4 0/0)*; *menhirs* 1, 6, 12, 18, 19, 20, 22, 32, 33, 36, 38, 44, 47, 51, 52, 56, 62, 65, 68 *(proportion 43.2)*; 2° *en face d'un chemin : lechs* 21, 23, 28, 29, 43, 57, 63 *23.4 0/0)*; *menhirs* 59, 25, 26 *(6.9 0/0)*; 3° *dans un carrefour : lechs* 27 *(3.3)*; *menhirs* 58, 66, 67, 69 *(9.1)*. *Les lechs sont donc placés avant tout à l'intersection d'un ou de plusieurs chemins et les menhirs le long ou dans le voisinage d'une route.*

b) *Sur des sommets ou des garennes éloignées de tout sentier.* Les cas sont peut-être plus nombreux que pour l'arrondissement de Brest, puisqu'il y en a quatorze (14, 15, 16, 16 *bis*, 31, 34, 35, 41, 48, 49, 50, 61, 64, 72). Là encore il n'y a qu'un seul lech, le 16 *bis* qui a dû servir de piédestal à une croix placée auprès de trois-menhirs. Cette seconde catégorie ne comprend donc que des *menhirs* et donne un *pourcentage de 29.5 0/0.*

c) *Lechs et menhirs auprès d'un dolmen, d'un cimetière ou d'une église.* Les menhirs à proximité d'un dolmen sont beaucoup plus nombreux que dans l'arrondissement de Brest. C'est tout d'abord le menhir de Kervren (n° 1), non loin d'une allée couverte aujourd'hui ruinée, puis le menhir de Gorréploué (n° 22), à moins de cent mètres d'un dolmen. A Roscoff, auprès de la chapelle de Saint-Pol, il y eut autrefois un menhir (n° 36), auprès duquel de grosses roches cachaient de très anciennes sépultures. A Taulé, le menhir de Lingoz est à 60 mètres d'un dolmen (n° 41), mais je n'ai pu avoir de renseignements précis sur le mégalithe de Clos-ar-Bolan, satellite d'un dolmen (n° 55). Si l'on ajoute à ces cinq cas celui du n° 13, au pied duquel on trouva un vase en argile, tout rempli d'ossements, et celui du menhir de Guerlesquin (n° 72) non loin duquel on a découvert des vases à incinération, *les menhirs funéraires forment donc la proportion considérable de 15.9 0/0*

Quant aux lechs, le long du cimetière ou sur la place qui entoure l'église, ils sont assez nombreux. Tels sont, par exemple, les n°˚ 3 et 4 de Lochrist, la croix n° 10 de Plounevez, le lech octogone du cimetière de Lanhouarneau (n° 17), le lech renversé près de la chapelle de Lorette, en Plougasnou (43). A cette catégorie s'ajoutent les deux lechs de Kermouster (45 et 46), les deux pierres de Saint-Laurent du Pouldour (70 et 71), et le lech 73 au beau milieu des ruines de la chapelle de Saint-Thégonnec. La série se clôt par le lech 54, aujourd'hui disparu du cimetière de Guimaëc. Il y a donc 11 *lechs* dans le voisinage d'une église ou mieux d'un cimetière, c'est-à-dire une *proportion de 36.6 0/0*.

En calculant toutes les moyennes de manière semblable, ce que je n'avais pu faire à propos des menhirs funéraires, — cinq d'entre eux s'étaient déjà trouvés compris dans les classifications précédentes — on obtient le tableau qui suit:

	MENHIRS	LECHS
Le long d'une route	38.7	13.3
A un carrefour	14.3	26.6
Sur un sommet	26.9	3.3
Idée funéraire	14.3	36.6
Indéterminés	5.8	20.2

Conclusion. — La conclusion à laquelle j'étais arrivé, pour l'arrondissement de Brest, reste donc entière. *Les lechs et les menhirs sont avant toute autre chose des monuments destinés aux routes 53 0/0 (38.7+14.3) et 40 0/0 (13.3 + 26.6). En second lieu, les menhirs se dressent sur les sommets (26.9) que désertent les lechs (3.3), mais les lechs paraissent témoigner d'idées funéraires que les menhirs ne semblent pas indiquer avec autant d'intensité (36.6 contre 14.3).* Le menhir se place donc le long d'une route et sur les sommets, le lech autour des champs funéraires et à la croisée des chemins, tout en répondant parfois à des conceptions analogues.

B. *La grandeur et l'orientation des menhirs*

1° *Grandeur des menhirs.* — Les lechs 4, 27, 29, 40, dont j'ai pu observer la longueur entière, donnent, pour la partie enterrée, le huitième de la grandeur totale : c'est également ce que me permettent d'établir les menhirs 6, 12, 16, 25, 44, 56, 59, 65, 69. Je crois que 13 observations sur 78 suffisent à rendre cette conjecture vraisemblable qu'en général il faut estimer *le mégalithe* comme *enterré d'un huitième de sa taille.* Je tiens compte de cette particularité, dans le tableau que je dresse ci-dessous, en diminuant d'un huitième la longueur des menhirs ou des lechs déterrés :

HORS TERRE	MENHIRS	LECHS
1 à 2 mètres.....	1. 25. 34. 51. 55. (5) •	2. 3. 11. 21. 37. 43. 45. 53. 70. 71. 73.
2 à 3 mètres.....,	12. 13. 14. 30. 31. 38. 41. 42. 46. 49. 50. 56. 61. (13)	4. 5. 10. 23. 24. 29. 30. 54. 63.
3 à 4 mètres......	6. 15. 16. 22. 44. 48. 59. 65. 67. 69. (10)	27. 40.
4 à 5 mètres......	20. 64. (2)	60.
5 à 6 mètres......	18. 47. 62. 66. 68. 72. (6)	..
6 à 7 mètres......	19. (1)	..

Comme pour l'arrondissement de Brest, *les lechs ne dépassent presque jamais 3 mètres,* et les seules exceptions sont celles de Tréguerné (n° 60), de Croas-Men ou Croas-Vean, en Plougoulm (n° 27) et de Plourin (n° 40). Quant aux *menhirs, la moyenne obtenue est de 3m25,* sensiblement inférieure à celle de la région que j'ai précédemment étudiée.

Les menhirs supérieurs à la moyenne sont au nombre de 15 : ce sont les n°ˢ 16, 22, 48, 65, 67, 69 — 20, 64 — 47, 62, 66, 68, 72 — et enfin 19. Or, la *région méridionale,* telle que je l'ai délimitée plus haut, compte, à elle seule, 9 menhirs au-dessus de 3m25, c'est-à-dire près des deux tiers. On peut donc en conclure que *si les mégalithes sont plus rares, ils sont aussi plus grands.* C'est le contraire de ce que j'avais entrevu pour la région brestoise, où tous les menhirs les plus élevés étaient au nord, à l'exception du plus grand, celui de Kerloas.

Si l'on venait à réunir les deux régions de Brest et de Morlaix, c'est-à-dire si l'on ajoutait aux 16 menhirs brestois, supérieurs à 4 mètres, les 15 menhirs morlaisiens au-dessus de la moyenne de trois mètres vingt-cinq, *la zone comprise entre la mer et la ligne de huit kilomètres* en contiendrait à elle seule 20 sur 31, ou *soixante-quatre pour cent.* Je me contente de cette remarque, valable, elle aussi, pour la partie maritime des Côtes-du-Nord septentrionales (1).

2° *L'orientation des menhirs.* — L'orientation des menhirs non déplacés me permet cette fois de faire quelques constatations dont je ne saurai encore préciser toute la valeur.

L'orientation la plus fréquente est celle des grandes faces aspectées au *nord-est* et au *sud-ouest* (1, 14, 34, 41, 42 ?, 44, 48, 50, 56, 61, 66, 67 = *12 cas*). Il n'y a qu'un seul menhir, le 66, où l'inclinaison est très sensible, au point que l'on pourrait presque le dire est-ouest. — *La deuxième* orientation est celle du *nord-ouest sud-est* : à peine marquée pour le menhir 72, elle s'accuse avec les n°ˢ 19, 22, 38, 51, 64, et devient très prononcée chez les menhirs 20 et 47. Au total, *huit cas.* A ces deux orientations, je rattacherai celles qui sont absolument normales (est-ouest, n°ˢ 18, 27, 68), parce que je crois pouvoir affirmer que plus de 80 fois sur 100 les grandes faces menhirales regardent l'est ou l'ouest, avec inflexion plus ou moins prononcée vers le nord ou vers le sud. *Deux fois* seulement j'ai trouvé, dans cet arrondissement, l'orientation nord-sud (31, 49). En établissant des proportions, la *première catégorie* donne *48 0/0,* la *seconde 32,* la *troisième 12* et la *dernière 8* seulement.

Les remarques, qu'il convient de faire sur l'orientation des menhirs, ne sont pas très nombreuses. La première,

---

(1) Les nécessités budgétaires de notre Société l'obligeant à l'économie la plus stricte, je n'ai dû publier les résultats de mes recherches que pour *un seul* arrondissement, celui de Morlaix.

c'est que *l'orientation nord-sud est insolite et ne s'adresse qu'à des menhirs du type Coat-Enès* (cf. Les menhirs isolés de l'arr. de Brest, p. 40 et fig. 10.) C'est, en effet, le cas de la pierre du Diable à Pontplancoët, ornée de 24 cupules (n° 31), et c'est aussi celui de l'un des menhirs du « trépied » de Saint-Jean-du-Doigt (n° 49). Ce qu'il y a de très curieux, c'est que l'un des deux cas brestois, le n° 50, a précisément cette forme et que le n° 2 (menhir Coat-Enès) était presque nord-sud. Je ne crois pas qu'il n'y ait là qu'une simple coïncidence.

Si l'on additionne les résultats donnés par les arrondissements de *Brest* et de *Morlaix*, il n'y a que quatre menhirs orientés nord-sud, 23 tournés au nord-est et 27 au nord-ouest. Si par suite d'une légère infléxion vers l'est ou vers l'ouest, on voulait ajouter aux catégories du nord-est ou du nord-ouest les menhirs 18, 27, 68, l'on aurait, dans le premier cas, 25 menhirs, et dans le second 28. De la sorte, *l'orientation nord-sud* ne donne qu'une infime *proportion 7 0/0, l'orientation nord-est. 44 0/0 et l'orientation nord-ouest 49 0/0.*

c. *Relations des menhirs avec d'autres mégalithes*

a) *Menhirs et dolmens.* — Le menhir de Kervren est au bord d'un vieux chemin, qui conduit au plateau, sur lequel se dressent encore les ruines d'une allée couverte (n° 1). L'allée couverte avait son ouverture au nord-ouest, le menhir regarde au nord-ouest, mais ne se trouve pas dans le prolongement de l'axe dolménique. Il y a une distance d'environ 250 mètres entre les deux monuments (1). Le menhir de Gorréploué (n° 22) est à 120 mètres au nord-est du dolmen, qui regarde comme le menhir le nord-est. Ici, il y a coïncidence des deux axes, quant à la direction, mais cette fois encore le menhir est légèrement à l'est du dolmen. Le menhir de Lingoz est à soixante mètres environ du dolmen. Ce dernier a son axe légèrement nord-ouest sud-est, et le menhir a ses grandes faces regardant dans la même direction. Comme pour le numéro

---

(1) La différence d'inclinaison entre l'allée et le menhir est de 30 degrés à la boussole.

22, le menhir de Lingoz (41) n'est pas dans le prolongement de l'axe dolménique, il est à 45 mètres plus au nord. Ainsi pour les trois cas observés, il y a coïncidence d'orientation, mais les deux mégalithes n'ont pas leurs axes dans le prolongement l'un de l'autre. C'est d'ailleurs ce que j'ai maintes fois observé : *le menhir est toujours un peu à l'écart du dolmen,* comme remplissant un autre rôle que celui d'indicateur. S'il avait ce dernier, il serait sûrement dans le prolongement de l'axe dolménique.

Au pied du menhir de Gorréploué, l'on a découvert des haches polies, des urnes cinéraires et des morceaux de brique. M. du Châtellier n'indique qu'une hache à douille circulaire de 7 centimètres de long (p. 87), faibles dimensions permettant peut-être de croire à un caractère votif. La forme incurvée du menhir rappelle celle d'un autre menhir accompagnant un dolmen à Kerivoret (arr. de Brest, n° 37). Il faut aussi noter que le menhir du Lingoz est très pointu et que sa face sud correspond, à s'y méprendre, à la face nord du menhir de Gorreploué (fig.   ). Le menhir n° 1 étant cassé, il n'est guère possible de le reconstituer ; d'ailleurs il est plutôt quadrangulaire et ne semble pas pouvoir se comparer aux deux autres. Le dernier menhir funéraire que j'ai pu remarquer est le 12, menhir de Guerlesquin, tout près duquel les paysans ont trouvé des ossements humains? quelques-uns dans des vases en grès. Mal conservés, ces débris d'os tombaient en poussière (M. Vivier). La face nord pourrait présenter quelque analogie avec l'une des faces (nord) du menhir de Gorreploué et avec celle du menhir de Lingoz. Je tenais à signaler ces particularités, que je rapproche sans vouloir en tirer de conséquences.

b) *Menhirs entourés de blocs, dont quelques-uns à bassins.* J'avais déjà été frappé de ce fait que beaucoup de menhirs isolés se dressaient au milieu d'un cercle plus ou moins régulier de blocs apportés ou de roches en place. Qu'il me suffise d'en donner comme exemples le grand menhir de Kerloas, en Plouarzel (Finistère), le menhir de Glomel (Côtes-du-Nord), etc. L'arrondissement de Morlaix m'en fournit plus d'un cas, et je crois pouvoir avancer que *très souvent le menhir était au milieu d'un cercle de rochers.* D'autre part, *les mégalithes ainsi encerclés sont* le plus souvent *de très grande taille.*

Le menhir de Gorreploué (22) est entouré de blocs
rocheux, dont l'un, au sud-est, présente un seul bassin
de dimensions considérables, et dont un autre, au sud,
a neuf bassins, dont quelques-uns se déversent les uns
dans les autres. (J'étudierai plus tard, en détail, cet ensemble d'un menhir encerclé avec rochers à bassins et
d'un dolmen, dont l'une des tables est également creusée
de bassins.) Le menhir d'Irvit est également au centre
de blocs rocheux, dont l'un au nord-est, à 80 mètres environ, présente un bassin d'assez grandes dimensions. Le
menhir de Saint-Edern est entouré de blocs en place, que
M. du Châtellier prit à tort pour les restes d'un cromlech.
Il faut noter qu'à quelque distance, au nord-ouest, se
trouve le rocher de Saint-Edern, où l'on remarque une
vingtaine de bassins creusés de la main des hommes. Le
menhir de Kergouarat présente également sa ceinture
rocheuse, au même titre que ses voisins (18, 19, 20, 22).
Il couvient même de remarquer que le lech 21 de Plouescat, à peine dégrossi et gardant encore les apparences
d'un menhir, était au milieu d'une prairie, que la route
a en partie détruite et que le cercle des rochers est encore
intact dans la prairie. A Plougoulm, la pierre du Diable
est au centre d'un cercle assez inégal, l'une des pierres
du sud pourrait avoir un bassin, mais je ne sais s'il ne
faudrait pas y voir tout simplement le résultat de l'érosion
atmosphérique. Il en est de même pour le menhir 44 de
Goas-Meur, en Plougasnou, au beau milieu d'un cercle
rocheux, dont un bloc au nord-est pourrait avoir été
creusé d'un bassin. Le menhir de Kerprigent se dresse
au centre de blocs quartzeux, émergeant du sol, et particulièrement nombreux à l'est et au sud. Le mégalithe
renversé de Tréguerné était jadis entouré de blocs que
les carriers ont dû achever de détruire. L'un d'entre eux,
à l'est, aurait eu « des écuelles ». Le menhir n° 61 garde
encore son entourage de pierres, sur lesquelles je n'ai
rien trouvé de particulier. Il y aurait eu auprès du menhir
de Commana deux grandes pierres plates, appelées les
Palets des Géants : je puis donc classer ce menhir (62)
parmi ceux dont je m'occupe actuellement. La série se
continue par le menhir du Cloître, flanqué au sud-est de
blocs très volumineux, et au nord-ouest de roches, à la
surface desquelles il m'a été impossible de savoir s'il y

avait des bassins. Toutefois, l'une d'entre elles présente un énorme bassin dont le profil est comparable à celui d'un entonnoir très évasé. Il y a donc pour cet arrondissement *12 cas sur 78, et,* comme je l'indique plus haut, ce sont *les plus grands menhirs* dont il s'agit. *Le menhir devait être accompagné de roches* en place, *presque toujours creusées de bassins,* et ainsi se trouvait constitué un *centre cultuel,* sur lequel je ne veux pas m'expliquer davantage pour l'instant. Il faut encore noter, avant d'en finir avec ce point, que les rochers sont plus nombreux à l'est et au nord, qu'au sud et à l'ouest, mais je ne puis l'affirmer avec autant de certitude que pour le reste.

D. *Particularités de formes*

Je groupe ici toutes les remarques que m'ont suggéré les menhirs de l'arrondissement de Morlaix.

1° *Menhirs présentant une ou deux bosses* très nettes et certainement voulues : 66 à 1 mètre du sol environ au nord-est ; 64 au sud-ouest ; 61 renflement très accusé au milieu et dû à la convexité du côté sud-est ; 47 bosse naturelle dans la partie supérieure et visible quand on regarde la face ouest ; 25 renflement très accusé en se mettant en face du côté tourné à l'est. Le cas le plus net est celui du menhir de Batz (38, fig. 4), dont la face est présente une bosse, régulièrement taillée, à 0^{m}90 du sol. Les dimensions en sont de 0^{m}25 en largeur et de 0^{m}20 en hauteur. Il y aurait encore à citer le n° 22 avec une bosse visible à l'ouest, le n° 14 dont la protubérance à 0^{m}65 du sol est fort accusée (regarder la face est), et enfin le n° 1 dont le renflement est très net, lorsqu'on regarde la face sud du menhir. Il y a donc *9 cas sur 47,* mais je ne veux en tirer d'autre conclusion que celle-ci, à savoir que *ces protubérances, naturelles ou artificielles, sont le plus souvent à l'est.*

2° *Entailles.* J'ai quelquefois remarqué sur l'un des flancs du menhir une entaille assez profonde, très longue et entièrement polie. Elle me semble intentionnelle. C'est le cas du menhir d'Irvit, n° 20 (face nord); du menhir de Saint-Edern, n° 19 (face nord). La chose est d'autant plus singulière que cette entaille se retrouve sur la face septentrionale du grand menhir de Brignogan. Pour mieux préciser, je donne, avec la figure 5, les dimensions de cette entaille, mesurée sur le menhir de Saint-Edern : longueur 0^{m}70 ; largeur 0^{m}60 ; profondeur 0^{m}27. Je n'ai donc trouvé ces particularités, inexplicables pour moi, que *sur de grands menhirs, situés au bord de la mer, et toujours sur la face dirigée du nord au sud.*

3° *Rainures.* Une rainure assez large existe sur l'un des lechs de Lochrist (n° 2), avec une cupule presque au milieu de l'entaille (fig. 1). Une sorte d'entaille semblable se remarque à la face occidentale du menhir de Saint-Edern, mais à une telle hauteur qu'il me fut impossible de m'assurer de son origine, due peut-être aux intempéries. — A Lanmeur (fig. 6), une pierre de 1^{m}20 (n° 53) présente six cannelures, creusées parallèlement et s'arrêtant à quarante centimètres du sol, comme à la croix Cauvet. Cette dernière, en Mespaul (n° 29), paraît avoir quinze cannelures, nombre que j'ai retrouvé sur le lech de la Trinité (Finistère) et sur celui de Sainte-Tréphine (Côtes-du-Nord), creusées assez grossièrement et distantes de douze centimètres (fig. 7). L'une des faces de ce lech-menhir n'a pas été terminée : elle est encore fruste et présente cinq cannelures que l'on n'a pas achevées. De plus, comme au lech de Saint-Urgin, en Landouzan, comme à celui de Trémeur, au Tréhou (arr. de Brest), la « croix » Cauvet porte à sa partie supérieure, à 0^{m}27 du sommet, une sorte de bague circulaire et profondément creusée, s'arrêtant aux deux tiers de la face non dégrossie. Il y aurait, enfin, à signaler le lech renversé de Tréguerné (n° 60). Du milieu de la face, tournée vers le ciel, part une rainure avec cupule de 0^{m}05, 0^{m}04, 0^{m}03 ; l'entaille se prolonge de part et d'autre de la cupule de 0^{m}14 et 0^{m}18. A 18 centimètres de la rainure et à cinq centimètres du bord existe une seconde cupule de 0^{m}04, 0^{m}04, 0^{m}025. J'avoue ne rien comprendre à tous ces signes, qui me paraissent devoir se ranger en deux catégories : 1° les *rainures à cupules* et 2° les *cannelures creuses*, peut-être *destinées à christianiser la pierre.*

4° *Cupules.* Il me faut encore mentionner ici le lech n° 2 de Lochrist et le lech n° 60 de Tréguerné, dont les cupules sont liées à des rainures intentionnelles. Sur le lech de Lanzeon (n° 5) et du côté tourné vers le nord-est

existe une cupule de 0ᵐ10, 0ᵐ09, 0ᵐ04. Le menhir de
Goasmeur (n° 44) présente au sud-est, à soixante-quinze
centimètres environ du sommet, une cupule assez profonde
et très régulière, ayant au moins 0ᵐ20 de diamètre. Je
n'ai pu la mesurer, gêné par les arbustes qui défendent
le menhir de ce côté. A Plouzévédé (n° 23), deux cupules,
très petites mais absolument nettes (0ᵐ03 et 0ᵐ02), existent à 0ᵐ50 et 0ᵐ90 du sommet au sud-est. Sur le menhir
brisé de Tréguerné (n° 59), orné d'une croix, rappelant
de tous points celles des monnaies mérovingiennes, il y
a deux cupules. La première est dans le prolongement des
bras de la croix, à 0ᵐ50 (dimensions : 0ᵐ06, 0ᵐ05, 0ᵐ02);
la seconde se trouve au milieu du deuxième morceau et
au centre d'une rainure peut-être artificielle (dimensions :
0ᵐ08, 0ᵐ09, 0ᵐ05). A 0ᵐ50 de la première rainure, il y a
deux entailles longitudinales de 7 et de 8 centimètres
chacune. Pour le lech n° 4 à 17 cupules et pour le menhir
n° 31 à 24 cupules, je me contente de renvoyer aux
figures 7 et 8.

5° *Formes générales.* — *Menhirs jumelés, l'un pointu,
l'autre quadrangulaire.* Je continue d'observer cette bizarrerie, que j'ai trouvée en bien d'autres endroits. A
Landisiach, des deux menhirs renversés l'un est tout à
fait pointu et l'autre a son sommet presque rectangulaire
(15 et 16). A la croix Scam, en Sibiril (25 et 26), le menhir
intact était très arrondi, tandis que le menhir brisé offre
une pointe assez aiguë. Il en est de même pour les deux
menhirs de Kerrom, en Saint-Pol (34 et 35), pour le
trépied de Kéréonec (n°ˢ 49 et 50). La figure 9, représentant les deux menhirs de Plougonven, indique mieux que
toute description cette particularité, que j'ai toujours cons-
tatée chaque fois que je me suis trouvé en présence de
deux menhirs isolés.

Formes bizarres. Il suffira de se reporter aux figures
qui représentent grossièrement les menhirs les plus dignes
d'attirer l'attention par la bizarrerie de leurs formes. Le
plus curieux est assurément celui d'Irvit, dont les deux
cornes de la face orientale ne me paraissent guère avoir
d'équivalent (fig. 10). De même, les faces sud et nord du
menhir de Kergouara présentent un type qu'il ne m'est
guère arrivé de rencontrer (fig. 11). Les autres menhirs

rentrent tous plus ou moins dans les catégories que j'avais précédemment établies.

Conclusion. — Presque toutes les particularités de formes (bosses, cupules) se trouvent à l'est : est-ce intentionnel, est-ce purement accidentel, je laisse à d'autres le soin de le dire.

E. *Légendes et superstitions*

Je n'ai pu recueillir que 24 légendes ou traditions, mais il en existe certainement bien d'autres. Les habitants n'aiment guère à parler de leurs pierres, qui ont encore un pouvoir mystérieux, et c'est au moyen de périphrases qu'ils en définissent les esprits. Jamais l'on ne m'a désigné les fées ou les nains que sous cette forme : des « hommes », des « vieilles »; des « femmes ». Il semble qu'une dénomination précise dût entraîner, pour l'imprudent conteur, des désagréments qu'il vaut mieux éviter.

1° Lech de Lanzéon (n° 5). Les marins de l'île de Batz qui passaient par la route, ne manquaient jamais de se hisser à tour de rôle sur les bras de la croix, pour saluer une dernière fois leur île. (M. Le Guennec.) — Un paysan m'a dit que c'était la croix des « Moines noirs ».

Menhir de Landisiach (n° 14). Il cache un trésor enterré pendant la guerre.

Menhir de Saint-Edern (n° 19). Les rochers qui l'entourent portent les noms de « Rocher du feu », Rocher des korrigans « Potred-ar-Zabat ». — Le menhir laisse voir un trésor à Noël et aux Rameaux.

Menhir d'Irvit (n° 20). Il renferme à l'intérieur une cloche.

Menhir de Gorréploué (n° 22). Du sommet partait une chaîne, à laquelle on pendait les coupables.

Le menhir de la Pierre du Diable, à Pontplancoët (n° 31), a été lancé par le diable de Cléder dans la direction de saint Pol, lorsque ce dernier construisait les clochers de Saint-Pol. Les cupules sont les traces de ses griffes. Une autre variante dit que le diable était venu à Cléder pour examiner l'œuvre de Saint-Ké, le constructeur du Creisker. Quand le clocher fut élevé, le diable voulut le démolir en lançant contre lui le menhir de Pontplancoët, mais la Vierge l'arrêta au vol et le déposa où il se trouve.

A Kerrom, au nord de Saint-Pol, menhir dit la Pierre du Diable (n° 34). Il s'agit, sans doute, d'une histoire semblable à celle de la pierre de Pontplancoët.

Sur l'une des hauteurs de Morlaix se dressait, au xv° siècle, la pierre dite « la Danseuse ». Il devait s'agir de l'un de ces menhirs qui tournent sur eux-mêmes et que l'on appelle, en bien des pays, la Pierre folle (n° 39).

Le lech de Plourin (n° 40) servait autrefois de potence seigneuriale.

Le menhir de Lingoz, qui accompagne un dolmen situé dans le champ de la vieille, de la sorcière « Parc-ar-Groach », est dit le fuseau de cette vieille (n° 41).

Le lech de Roscoff (n° 37) était considéré, au temps du chevalier de Fréminville, comme une divinité protectrice de la ville, puisqu'on l'appelait « le vieux Roscoff ».

A Plougasnou, un menhir est dit pierre de la vache « men-ar-vioch » (n° 42); ce qui doit provenir d'une légende semblable à celle du numéro 64.

A Kereonec, les trois menhirs 48, 49, 50 forment un « trépied ». Comme dans les autres région, de Bretagne, ces trépieds sont attribués au diable ; il se pourrait qu'il en fut ainsi de celui de Kereonec.

Le menhir renversé, n° 56, cachait un trésor, que le propriétaire voulut découvrir. Ce trésor n'apparaissait qu'à la Saint-Jean et quelquefois à Noël.

A Tréguerné, le menhir renversé doit ses trous et ses rainures aux efforts que fit le diable pour se détacher de cette pierre à laquelle l'avait attaché saint Derrien (n° 59).

Le menhir debout de Trégarantec (n° 61) cache un trésor, et le propriétaire a dû interdire à ses fermiers d'essayer de le découvrir.

A Commana, le menhir détruit du Quillidiec (n° 62) devait servir de jeu à des géants, puisque « deux palets » se trouvaient à ses côtés. C'était aussi le tombeau d'un chef gaulois.

Le menhir du Cloître (n° 64) était habité par des êtres bienveillants, des lutins mâles et femelles. Les paysans qui voulaient labourer leurs terres dans d'excellentes conditions, s'y rendaient le soir, à la nuit tombante. Ils trouvaient, au pied du menhir, des bœufs et des vaches, mais il fallait les rendre avant l'apparition du soleil.

Le lech de Guimaëc (n° 54) était un menhir lancé par Rannou le Fort contre de vieilles commères déblatérant contre lui.

Le menhir de Guerlesquin est appelé la Quenouille de la Vieille mère (n° 72). Comme il y eut, aux alentours, des trouvailles d'objets funéraires, et que le nom de Fuseau de la Vieille est celui d'un menhir situé non loin d'un dolmen, il y a peut-être là des indications à retenir.

Le « trépied » de Botsorhel (menhirs 74, 75, 76) a été élevé du temps de la guerre des Anglais.

2° En classant par ordre d'importance, ou si l'on veut de fréquence, toutes ces légendes, j'en arrive aux mêmes conclusions que celles obtenues par mon étude des légendes brestoises.

a) *Celles qui ont trait au paganisme, se classent au tout premier rang. — Trois fois le diable* se mesure avec saint Pol, saint Ké, saint Derrien, en Plontplancoët (n° 31), à Kerrom (n° 34), à Tréguerné (n° 59). Les nombreux rochers à légendes diaboliques, que j'ai vus en cet arrondissement, montrent eux aussi que, *dans l'imagination populaire, cette lutte se fit à l'époque de la grande évangélisation, c'est-à-dire du VI° siècle.* Il ne faut pas d'ailleurs oublier la gravure mérovingienne du menhir de Tréguerné (n° 59) et toutes ces croix de carrefour, dont la plupart remontent à l'époque carolingienne. Mais *contrairement à ce que j'avais constaté pour Brest et ses environs, à Morlaix c'est le diable (et non les saints) qui possède des menhirs.* Faut-il en conclure que le clergé, pour mieux faire disparaître les pratiques superstitieuses relatives aux pierres, leur a donné un caractère funeste et diabolique? Dans sa vie de saint Pol, Gourmonoc, au IX° siècle (vers l'année 878), ne parle-t-il pas du pays des pierres en termes assez énigmatiques, mais permettant cependant de croire à leur destruction par l'ordre du saint et de quelques-uns de ses disciples? Quoiqu'il en soit de cette hypothèse, il en est une autre qui s'y rattache et que je crois pouvoir soutenir elle aussi : *Les sacramentaires* du VIIe et du VIIIe siècles, les antiques missels de l'époque carolingienne, *désignent le paganisme par le mot de « vetustas »* ou par des expressions de ce genre. *Trois légendes* mégalithiques *parlent de « vieilles »* (groach), celle du menhir de Lingoz, celle du menhir de Guerlesquin, et celle du lech appelé jadis « le vieux Roscoff ». Il est singulier qu'auprès des deux menhirs il y ait ou des allées couvertes ou des travailles de restes incinérés, et que deux localités parlent les noms de Hellan, Kerhellou, alors qu'une vieille divinité funéraire était, aux premiers siècles de notre ère, Hella. De tout cet ensemble, j'en déduirai volontiers que les « vieilles » sont d'antiques divinités funéraires. L'une est encore appelée « la vieille mère » à Guerlesquin : or, comment se fait-il qu'en de nombreux tumulus et que, plus tard, à l'époque gallo-romaine, des statuettes de mères se soient trouvées dans les tombeaux? Il me semble donc qu'il faille *rattacher les légendes diaboliques et celles des vieilles,* comme se rapportant toutes à l'ancien culte mégalithique. Enfin, *non loin du menhir de Saint-Edern,* il y a les *rochers des Korrigans* des « Potred-ar-Zabat », qui me semblent *identiques aux « petits esprits mâles et femelles » du menhir du Cloître* (n° 64). Il y aurait ainsi *huit légendes ou traditions se rapportant à l'époque païennne, et même dix,* si l'on fait rentrer dans cette catégorie deux autres histoires où *les géants* paraissent jouer un rôle capital. Ces traditions se perdent d'ailleurs de plus en plus, les autres restant beaucoup plus vivantes. A Commana, les géants jouaient aux palets et le menhir du Quillidiec leur servait de but, mais à côté de cette tradition il y en avait une autre disant que le menhir servait de tombeau à un chef gaulois. A Guimaëc, le lech du cimetière était un menhir lancé, dans un jour de colère, par le géant Rannou, de son château de Trélévez, contre de vieilles femmes qui débitaient sur son compte toutes sortes de sottises.

b) *Je grouperai dans le même ensemble le menhir d'Irvit, dans lequel on entend une cloche, et le menhir de Morlaix, que l'on appelait autrefois la Danseuse.* Certaines traditions rapportent qu'à midi, ou plus souvent à minuit, l'on entend frapper des coups à l'intérieur du menhir et qu'aussitôt après le mégalithe tourne sur lui-même ou descend boire à la rivière la plus proche. Il se pourrait que cette explication fut celle qui convint au menhir n° 20 et à la pierre n° 39, car je n'ai rien pu tirer des habitants, qui me parlaient avec tant de réticences de leur cloche. Je laisse donc de côté ces deux traditions, sur lesquelles je n'ai pas assez de renseignements précis pour pouvoir me prononcer en toute sûreté de cause et les classer parmi les nombreuses légendes qui font de tous ces menhirs des être animés capables de se mouvoir.

c) *En troisième lieu*, je groupe ensemble toute une série de légendes, dans lesquelles je vois comme la *survivance lointaine et bien affaiblie de la protection menhirale.*

Les menhirs de Laneuffret, de Trégarantec, de Landisiach, de Plouescat, toutes localités situées *à l'ouest de Morlaix, gardent un trésor* plus ou moins considérable et mystérieux. Comme toujours ces trésors ne se font voir qu'à des époques solstitiales, deux fois à Noël, une à la Saint-Jean, une aux Rameaux. (*Quatre légendes* : 14, 19, 61, 56.) On pourrait, semble-t-il, ajouter à cette idée de trésor celle qui fait aussi du menhir l'habitation mystérieuse de ces merveilleuses bêtes de labour, capables de venir à bout des terres les plus rocailleuses et les plus infertiles, en l'espace d'une seule nuit. Les « *menhirs à vaches* » se retrouvent *à l'est, à Plougasnou* (n° 42) *et au Cloître* (n° 64). Enfin, *l'ascension du lech de Lauzeon* devait avoir pour effet de *favoriser le retour* des marins, puisqu'une pratique semblable existait au Croisic, accompagnée d'une invocation qui, sans doute, ne fut pas conservée à Lauzeon. Il y aurait donc *sept légendes* où les divinités en pierre (?) se chargeaient de procurer aux humbles mortels la richesse, tout en les *protégeant dans leurs biens ou dans leur personne.*

En résumé, l'on peut ainsi classer toutes ces légendes :

Diable	3		Trésors	4	
Vieilles............	3	10	Labourage..........	2	7
Korrigans	2		Retour	1	
Géants............	2				

Tombeau gaulois ..	1	Danse	1
Moines noirs.......	1	Son de cloche	1
Guerre anglaise....	2		
Gibets seigneuriaux.	3		

Accolade de gauche : 7 — Accolade de droite : 2

Le menhir, brut ou transformé, indiquerait donc une époque de paganisme, par les divinités bienfaisantes ou malfaisantes avec lesquelles il se trouve en rapport, par les propriétés magiques qu'on lui prête encore volontiers et qui tendent à la protection de l'homme et de ses biens. Ces conclusions sont bien celles auxquelles j'étais arrivé pour la région de Brest et de ses environs, et, si l'on ajoute les résultats obtenus à Morlaix, il y aurait à l'appui de mon hypothèse de nombreux arguments. La catégorie païenne comporterait 21 cas (11+10), celle de la protection 14 (7+7), tandis que les souvenirs historiques ne seraient représentés que 10 fois (3+7), et l'animisme 3 seulement (1+2).

CONCLUSION

De toutes ces considérations, il résulte :

1° Que les menhirs sont beaucoup plus nombreux au voisinage des côtes qu'à l'intérieur, qu'ils paraissent suivre le cours des rivières et de leurs affluents ;

2° Que les menhirs jalonnent avant tout les routes, qu'ils s'établissent ensuite de préférence sur les sommets et qu'ils ne remplissent que fort peu souvent le rôle funéraire ;

3° Que les menhirs, presque toujours orientés à l'est, ont aussi de ce côté des particularités dignes de remarques (bosses, cupules, blocs rocheux plus nombreux, etc.);

4° Que la christianisation paraît avoir été plus grande au bord de la mer, où les lechs sont aussi nombreux que les menhirs, tandis qu'à l'intérieur le nombre des menhirs est beaucoup plus considérable que celui des lechs ;

5° Que les légendes et les traditions morlaisiennes font du menhir une puissance païenne, plutôt malfaisante que bienveillante.

G. GUENIN.

LISTE DES MEMBRES

composant la

SOCIÉTÉ ACADÉMIQUE DE BREST

Exercice 1912-1913

Président d'honneur : M. le Vice-Amiral, Commandant en chef, Préfet Maritime du 2ᵉ arrondissement.

Président : M. OLLIVIER-H'ENRY, ✳, Avocat, Chef de bataillon en retraite.

Vice-Présidents : M. GENTY, Directeur de la succursale de la Banque de France ; Mᵐᵉ J. PERDRIEL-VAISSIÈRE, ✿ ; M. GUÉNIN, ✿, Professeur au Lycée de Brest.

Secrétaire général : M. DELOURMEL, O. I., Bibliothécaire-Archiviste de la ville.

Secrétaires : MM. ALLÈGRE, O. I., Professeur de musique ; PRADÈRE-NIQUET, Greffier du Tribunal civil ; MASSERON, Avocat.

Trésorier : M. COLLOS, ✳, Commissaire en chef de la Marine, en retraité.

PRESIDENT HONORAIRE

M. Gouyet, ✳, O. ✿, Professeur de l'Ecole Navale, en retraite, rue Linné, 24, Paris.

MEMBRES RESIDANTS

MM.

Abalan, Négociant, rue de Paris, 36, en Lambézellec.

Allain (L.), Avoué, place Thiers, 15, en Lambézellec.

Allègre, O. I., Professeur de musique, rue Neptune, 14.

Allessandri (Vicomte), Homme de Lettres, rue de la République, 59.

Alix, ✳ (Dr), Chef du bureau municipal d'hygiène, rue Emile Zola, 41.

Angibaud (Mme), rue de Siam, 21.

Anthony, Avoué, 18, rue d'Aiguillon.

Armbruster, Chef de bataillon en retraite, rue Amiral Linois, 5.

Audibert de la Villasse (d'), Négociant, rue Jean Macé, 29.

Baptiste (Mme Eug.), rue Emile Zola, 32.

Bardon, Contrôleur des contributions directes, boulevard Gambetta, 50.

Bastit (Joseph), ✿, Négociant, place du Château, 3.

Berger (Charles-Victor), O. ✳, O. ✿, ancien Médecin de la Marine, ancien Maire de Brest, rue de Paris, 54.

Berger, rue Voltaire, 22.

Bernard, Directeur de la succursale du Crédit Foncier, rue Voltaire, 26.

Bertheau de Chazal, Notaire, rue Emile Zola, 31.

Berthemet, Négociant, rue de Traverse, 7.

Berthou (Mme), rue Louis Pasteur, 10.

Bigot, Pharmacien, rue Vauban, 27.

Blanc, Instituteur, rue de Gasté, 2.

Bodet, Avocat, rue du Château.

Bonain (Dr), ✳, rue Jean Macé, 29.

Bories, Avoué, rue Amiral Réveillère, 3.

MM.

Borvo, Professeur de mathématiques, rue Colbert, 46.

Bouquet (D^r), ✳, O. I., rue Voltaire, 30.

Bourdet, Négociant, rue du Château, 17.

Brestoise (Société la).

Buret, Avocat, rue Amiral Linois, 24.

Cadiou, ✳, Administrateur principal de la Marine, rue Emile Zola, 41.

Caradec (Théophile), O. I., Docteur-Médecin, rue du Château, 15.

Carof (J.), rue Jean Macé, 28.

Chabal, Architecte, rue Jean Macé, 46.

Chevillotte (Charles), Ancien Député, cité d'Antin, 2.

Chevillotte (Jean), rue Duguay-Trouin, 18 *bis*.

Chic (Léon), ✳, O. I., Chef de musique des Equipages de la flotte, en retraite, rue Voltaire, 31.

Collin, Avoué, rue Voltaire, 4 *bis*.

Collos, ✳, Commissaire en chef de la Marine, en retraite, rue Traverse, 14.

Condé (D^r), ✳, rue du Château, 11.

Corre, Entrepreneur, boulevard Thiers, 22.

Corre, O. ✳, Lieutenant-Colonel d'infanterie coloniale, rue du Château, 37.

Corre, Avocat, rue Emile Zola, 54.

Coville, Directeur de la Société Bretonne, rue du Château, 23.

Créach, Ingénieur en retraite, rue Vauban, 45.

Crosnier, Propriétaire, rue Traverse, 2.

Delage, Chef de bataillon, rue Amiral Linois, 24.

Delécluse, ancien Notaire, rue Jean Macé, 46.

Delourmel, O. I., Bibliothécaire-Archiviste de la ville, rue du Merle-Blanc, 7.

Denis (D^r), ✳, Médecin principal de la Marine, rue de Siam, 34.

Deschard, O. ✳, Commissaire général de la Marine, en retraite, rue du Château, 2.

Des Granges, O. I., Juge de paix, rue du Château, 18.

MM.

DESHAYES (Eug.), rue Traverse, 5.

DOYÈRE, rue du Château, 33.

DUSSEUIL, Propriétaire, boulevard Gambetta, 38.

DUVAL (D^r), O. ✳, Directeur du Service de Santé, cité d'Antin, 2.

ELY-LABASTIRE, Négociant, rue Jean Macé, 53.

EPAUD, Capitaine d'artillerie, rue Voltaire, 27.

ESQUIEU, ✪, Publiciste, 2, rue de Rohan, à Rennes.

ETARD, Professeur au Lycée, rue Neptune, 1.

FEILLARD, Bâtonnier de l'Ordre des Avocats, rue Emile Zola, 4.

FÉLIX, Rentier, rue de la Mairie, 21 *bis*.

FERRON (DE), Avocat, rue du Château, 42 *bis*.

FOLL, ✳, Docteur-Médecin, rue Duguay-Trouin, 12.

FOURNIER, ✳, Avoué, rue Emile Zola, 27.

FRÉVILLE (Mme), cité d'Antin, 2.

GÉRARD (Mme), rue Voltaire, 31.

GOUIN, Docteur-Médecin, rue de la Mairie, 24.

GOURGUECHON, ✳, rue de Siam, 6.

GRALL, ancien Pharmacien, rue de la Mairie, 3.

GRÉHANT (Mme), rue Traverse, 49.

GUÉNIN, ✪, Professeur au Lycée, rue Amiral Linois, 12.

GUÉPRATTE, O. ✳, Contre-Amiral, rue Neptune, 5.

GUIAVARCH, Négociant, rue Louis Pasteur, 48.

GUILLARD DE MAISIÈRES, rue du Château, 18.

GUILLAUMET, ✳, Chef de bataillon, rue de Paris, 91.

GUILLOT, Juge au Tribunal civil, rue du Château, 42 *bis*.

HALLEZ, ✳, Capitaine de frégate, place Sadi Carnot, 9.

HARDANT, Directeur de l'école d'hydrographie, rue Voltaire, 34.

HÉBERT (Mme), place La Tour d'Auvergne, 10.

HERPE (Mme veuve), rue Kéréon, 10.

HILLERET (Mme), rue Emile Zola, 33.

JAVOUHEY, Capitaine d'état-major de la 2e brigade coloniale.

MM.

Jehanne, ✻, Médecin de la Marine, en retraite, rue de Siam, 55.

Julien-Sauve, O. I., Sous-Préfet de Brest.

Keranflech (de), Propriétaire, au château de Keranflech, en Milizac.

Kernéis, Avocat, rue Foy, 10.

Kerros (de), Lieutenant de vaisseau, rue Voltaire, 17.

Lamarque, ancien Notaire, rue de Siam, 36.

Landouaré (Dʳ), rue de Siam, 24.

Le Bail, Pharmacien, place La Tour d'Auvergne, 14.

Le Couteur (Dʳ), rue Amiral Linois, 10.

Le Dall de Kerangalet, rue de la Mairie, 6.

Le François, O. ✻, Capitaine de frégate, pl. du Château, 3.

Léger, Professeur à l'Ecole Navale, rue Porstrein-Névez, 34.

Le Joncour (Mme), rue Traverse, 45.

Léon (Eug.), Négociant, rue de Siam, 59.

Le Peltier, O. ✻, Contrôleur général de la Marine, rue de la Mairie, 3 *bis*.

Lepeut, Négociant, rue d'Aiguillon, 33.

Le Pivain (René), Propriétaire, rue Jean Macé, 5.

Levot-Bécot, Propriétaire, au Trez-Hir.

Lhermitte (H.), O. I., Négociant, rue Amiral Réveillère, 1.

Lorho, C. ✻, Colonel d'infanterie coloniale, r. Traverse, 17.

Louvet-Jardin, Agent général d'assurances, rue du Château, 6.

Lullien, ✻, Négociant, rue Louis Pasteur, 26.

Mahéo (Dʳ), ✻, place La Tour d'Auvergne, 19.

Mailliu (Dʳ), ✻, rue Traverse, 22.

Marabail (Général), C. ✻, Commandant la 2ᵉ division d'infanterie coloniale.

Mauguin, Notaire, rue Jean Macé, 38.

Marfille, Négociant, rue Louis Pasteur, 49.

Marmagnant, Capitaine au 19ᵉ de ligne, rue de la République, 17.

Massé, Entrepositaire, à Saint-Marc.

MM.

Masseron, Avocat, rue Jean Macé, 39.

Mertian de Muller, ✳, Commissaire principal de la Marine, rue Amiral Linois, 7.

Mégard, ✳, Chef de bataillon du Génie, rue Amiral Linois, 24.

Miniac (de), O. ✳, Directeur des Travaux hydrauliques, rue Voltaire, 40.

Miqueau (Mme), à Croaz-Laud, en Guilers.

Miriel (Mme), rue Traverse, 27.

Moisson (Mme), rue Jean Macé, 28.

Moran (D^r), rue Amiral Linois, 7.

Morel (Mme), rue Emile Zola, 29.

Motet, Contre-Amiral, O. ✳, rue Jean Macé, 35.

Moulinet (Mme), rue de Siam, 79.

Négadelle (D^r), ✳, rue de Paris, 31.

Olgiati (Mme), rue Emile Souvestre, 16.

Ollivier-Henry, ✳, Chef de bataillon d'infanterie coloniale, en retraite, Avocat, cité d'Antin, 3.

Pedrazzi, Négociant, rue Jean Macé, 37.

Perdriel-Vaissière (Mme), ✳, rue Voltaire, 13.

Pezron, Caissier à la Banque de France.

Picaud (Mme), rue Emile Zola, 38.

Pitel, Négociant, rue Traverse, 1.

Pitty, Directeur de la Compagnie du gaz, r. du Château, 28.

Plouzané, ✳, Docteur-Médecin, Député du Finistère.

Poullaouec, ancien Notaire, rue Emile Zola, 16.

Pradère-Niquet, Greffier du Tribunal, rue Voltaire, 28.

Queinnec (Mlle), rue du Château, 3.

Quelmé (D^r), rue de Paris, 80.

Raillard, rue Voltaire, 17.

Richer de Forges, rue Voltaire, 36.

Robert, Libraire, rue d'Aiguillon, 44.

Robin, Notaire, rue Emile Zola, 13.

Rolland, ancien Avoué, rue Voltaire, 13.

Rosuel, Propriétaire, rue du Château, 15.

Rouget, Propriétaire, rue du Château, 28.

Rousseau (D^r), ✿, rue du Château, 33.

Roussel (Mlle), rue Voltaire, 3.

Ruault, Général, C. ✳, Commandant la 2ᵉ brigade d'infanterie coloniale.

Saget, Capitaine de vaisseau, en retraite, rue Neptune, 4.

Ségalen, Médecin de 1ʳᵉ cl. de la Marine, rue d'Aiguillon, 6.

Simon, O. ✳, Capitaine de vaisseau, rue Jean Macé, 18.

Sinou (Mlle), rue Emile Zola, 32.

Sorgniard, Avoué, rue Voltaire, 13.

Surgy (de), O. ✳, Capitaine de vaisseau, en retraite, rue Jean Macé, 38.

Thésée, Docteur-Médecin, rue d'Aïguillon, 18.

Tiercelet, Négociant, rue Emile Zola, 25.

Tramond, Professeur à l'Ecole Navale, passage St-Martin.

Travers, ✳, Inspecteur général des Postes et Télégraphes, en retraite, rue Voltaire, 4 *bis*.

Tréguier (Eugène), Président du *Véloce-Club Brestois*, rue du Château, 5.

Vacheron, Propriétaire, rue Emile Zola, 3.

Vichot, Avoué, rue de Siam, 24.

Vrigniaud (Mme), rue du Château, 2.

Wellinger, rue d'Aiguillon, 52.

LISTE

des

Académies & Sociétés savantes

AVEC LESQUELLES SE FAIT L'ÉCHANGE DU BULLETIN

(Ordonnance royale du 16 Mai 1847)

1ʳᵉ Section. — GÉOGRAPHIE

1 BOUCHES-DU-RHÔNE : *Marseille.* — Société de Géographie.

2 CÔTE-D'OR : *Dijon.* — Société Bourguignonne d'Histoire et de Géographie.

3 CHARENTE-INPÉRIEURE : *Rochefort.* — Société de Géographie.

4 GARONNE (HAUTE-) : *Toulouse.* — Société de Géographie.

5 GIRONDE : *Bordeaux.* — Société de Géographie Commerciale.

6 INDRE-ET-LOIRE : *Tours.* — Société de Géographie.

7 NORD : *Douai.* — Union Géographique du Nord de la France.

8 NORD : *Lille.* — Société de Géographie.

9 RHÔNE : *Lyon.* — Société de Géographie.

10 SEINE : *Paris.* — Société de Géographie.

11 Seine : *Paris.* — Société des Etudes coloniales et maritimes.

12 SEINE-INFÉRIEURE : *Le Havre.* — Société de Géographie commerciale.

13 CONSTANTINE : *Constantine.* — Société de Géographie.

2ᵉ Section. — SCIENCES, LITTÉRATURE ET BEAUX-ARTS

Sociétés françaises

1 AISNE : *Château-Thierry.* — Société historique et archéologique de Château-Thierry.

2 AISNE : *Laon.* — Société académique.

3 AISNE : *Saint-Quentin.* — Société académique des sciences, belles-lettres, agricole et industrielle.

4 AISNE : *Soissons.* — Société archéologique, historique et scientifique.

5 ALLIER : *Moulins.* — Société d'émulation et des beaux-arts du Bourbonnais.

6 ALPES-MARITIMES : *Nice.* — Société des lettres, sciences et arts des Alpes-Maritimes.

7 AUDE : *Carcassonne.* — Société des arts et des sciences.

8 AUDE : *Narbonne.* — Commission archéologique et littéraire.

9 AVEYRON : *Rodez.* — Société des lettres, sciences et arts de l'Aveyron.

10 BOUCHES-DU-RHÔNE : *Aix.* — Académie des sciences, agriculture, arts et belleslettres.

11 BOUCHES-DU-RHÔNE : *Marseille.* — Académie des sciences, belles-lettres et arts.

12 CALVADOS : *Caen.* — Académie nationale des sciences, arts et belles-lettres.

13 CALVADOS : *Caen.* — Société des Antiquaires de Normandie.

14 CALVADOS : *Caen.* — Société Linnéenne de Normandie.

15 CALVADOS : *Caen.* — Société des beaux-arts.

16 CHARENTE : *Angoulême.* — Société archéologique et historique de la Charente.

17 CHARENTE-INFÉRIEURE : *La Rochelle*. — Société des belles-lettres, sciences et arts.

18 CHER : *Bourges*. — Société historique, littéraire, statistique et scientifique du Cher.

19 CÔTE-D'OR : *Dijon*. — Académie des sciences, arts et belles-lettres.

20 CÔTE-D'OR : *Dijon*. — Société Bourguignonne d'histoire et de géographie.

21 CÔTE-D'OR : *Beaune*. — Société d'histoire, d'archéologie et de littérature.

22 CÔTES-DU-NORD : *Saint-Brieuc*. — Société d'émulation des Côtes-du-Nord.

23 CÔTES-DU-NORD : *Saint-Brieuc*. — Société archéologique et historique.

24 DOUBS : *Besançon*. — Académie des sciences, belles-lettres et arts.

25 DOUBS : *Besançon*. — Société d'émulation.

26 DOUBS : *Montbéliard*. — Société d'émulation.

27 FINISTÈRE : *Concarneau*. — Laboratoire de zoologie et de physiologie maritimes.

28 FINISTÈRE : *Quimper*. — Société archéologique du Finistère.

29 GARD : *Nîmes*. — Académie de Nîmes.

30 GARONNE (HAUTE-) : *Toulouse*. — Académie des Floraux.

31 GARONNE (HAUTE-) : *Toulouse*. — Académie des sciences, inscriptions et belles-lettres.

32 GARONNE (HAUTE-) : *Toulouse*. — Société archéologique du Midi de la France.

33 GIRONDE : *Bordeaux*. — Académie des sciences, belles-lettres et arts.

34 GIRONDE : *Bordeaux*. — Société Linnéenne de Bordeaux.

35 HÉRAULT : *Béziers*. — Société archéologique, scientifique et littéraire.

36 HÉRAULT : — *Montpellier*. — Académie des sciences et lettres.

37 ILLE-ET-VILAINE : *Rennes*. — Société archéologique du département d'Ille-et-Vilaine.

38 INDRE-ET-LOIRE : *Tours*. — Société d'agriculture, sciences, arts et belles-lettres du département d'Indre-et-Loire.

39 ISÈRE : *Grenoble*. — Académie delphinale.

40 LANDES : *Dax*. — Société de Borda.

41 LOIRE-INFÉRIEURE : *Nantes*. — Société académique de Nantes et du département de la Loire-Inférieure.

42 LOIRE-INFÉRIEURE : *Nantes*. — Société archéologique de Nantes et du département de la Loire-Inférieure.

43 MANCHE : *Cherbourg*. — Société des sciences naturelles et mathématiques.

44 MEURTHE-ET-MOSELLE : *Nancy*. — Académie de Stanislas.

45 MORBIHAN : *Vannes*. — Société polymatique du Morbihan.

46 NORD : *Cambrai*. — Société d'émulation.

47. NORD : *Dunkerque*. — Société Dunkerquoise pour l'encouragement des sciences, des lettres et des arts.

48 NORD : *Lille*. — Société des sciences, de l'agriculture et des arts.

49. NORD : *Roubaix*. — Société d'émulation.

50 OISE : *Beauvais*. — Société académique d'archéologie, sciences et arts du département de l'Oise.

51 OISE : *Compiègne*. — Société Française d'archéologie.

52 PAS-DE-CALAIS : *Arras*. — Comité des antiquités départementales et monuments historiques du Pas-de-Calais.

53 PAS-DE-CALAIS : *Boulogne-sur-Mer*. — Société académique.

54 PAS-DE-CALAIS : *Saint-Omer*. — Société des antiquaires de la Morinie.

55 RHÔNE : *Lyon*. — Société littéraire, historique et archéologique.

56 RHÔNE : *Lyon*. — Société des sciences, belles-lettres et arts.

57 RHÔNE : *Tarare*. — Société des sciences naturelles et d'enseignement populaire.

58 Saône-et-Loire : *Autun*. — Société éduenne.

59 Saône-et-Loire : *Châlons-sur-Saône*. — Société d'histoire et d'archéologie.

60 Saône-et-Loire : *Mâcon*. — Académie des arts, sciences, belles-lettres et d'agriculture.

61 Sarthe : *Le Mans*. — Société historique et archéologique.

62 Savoie : *Chambéry*. — Académie des sciences, belles-lettres et arts.

63 Savoie : *Chambéry*. — Société savoisienne d'histoire et d'archéologie.

64 Savoie : *Saint-Jean-de-Maurienne*. — Travaux de la Société d'histoire et d'archéologie de Maurienne.

65 Savoie (Haute-) : *Annecy*. — Société florimontane.

66 Seine : *Paris*. — Société académique indo-chinoise de France.

67 Seine : *Paris*. — Société philotechnique.

68 Seine : *Paris*. — Bibliothèque de la Sorbonne.

69 Seine : *Paris*. — Société des antiquaires de France.

70 Seine : *Paris*. — Société *La Pomme*.

71 Seine : *Paris*. — Société des sciences naturelles de l'Ouest de la France.

72 Seine-Inférieure : *Le Havre*. — Société havraise d'études diverses.

73 Seine-Inférieure : *Le Havre*. — Société des sciences et arts agricoles.

74 Seine-Inférieure : *Rouen*. — Académie des sciences, belles-lettres et arts.

75 Seine-Inférieure : *Rouen*. — Société libre d'émulation, du commerce et de l'industrie de la Seine-Inférieure.

76 Seine-et-Marne : *Fontainebleau*. — Société historique et archéologique du Gâtinais.

77 Seine-et-Oise : *Versailles*. — Société des sciences morales, des lettres et des arts.

78 Somme : *Abbeville*. — Société d'émulation.

79 Somme : *Amiens*. — Académie des sciences, belles-lettres et arts.

80 Somme : *Amiens.* — Société des antiquaires de Picardie.

81 Somme : *Amiens.* — Société Linnéenne du Nord de la France.

82 Tarn-et-Garonne : *Montauban.* — Académie des sciences, belles-lettres et arts de Tarn-et-Garonne.

83 Var : *Draguignan.* — Société d'études scientifiques et archéologiques.

84 Var : *Toulon.* — Académie du Var.

85 Vienne : *Poitiers.* — Société des antiquaires de l'Ouest.

86 Vienne (Haute-) : *Limoges.* — Société archéologique et historique du Limousin.

87 Vosges : *Epinal.* — Société d'émulation.

88 Vosges : *Saint-Dié.* — Bulletin de la Société philomatique Vosgienne.

89 Yonne : *Auxerre.* — Société des sciences historiques et naturelles de l'Yonne.

90 Yonne : *Sens.* — Société archéologique.

91 Yonne : *Avallon.* — Société d'études.

92 Constantine : *Constantine.* — Société archéologique du département de Constantine.

93 Cochinchine : *Saïgon.* — Société des études indo-chinoises de Saïgon.

94 Ile de la Réunion : *Saint-Denis.* — Société des lettres, sciences et arts.

Ministère de l'Instruction Publique et des Beaux-Arts :

95 Revue des travaux scientifiques.

96 Bulletin du Comité des travaux historiques et scientifiques.

97 Bulletin archéologique du Comité des travaux historiques et scientifiques.

98 Répertoire des travaux historiques.

99 Bibliothèque des Société savantes.

100 Musée Guimet.

Ministère de la Marine :

101 Archives de médecine navale.
102 Revue maritime et coloniale.
103 Société des études maritimes et coloniales.

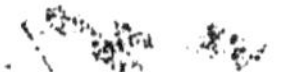

Ministère des Colonies :

104 Service géographique.

Sociétés étrangères

105 Amérique : *Washington.* — Smithsonian Institution.
106 Amérique : *Washington.* — U.-S. Geological Survey.
107 Amérique : *Washington.* — National Academie of Sciences.
108 Brésil : *Rio-de-Janeiro.* — Revisia do observatorio.
109 Croatie : *Zagreb-Agram.* — Société d'histoire naturelle.
110 Italie : *Rome.* — Reale academia dei Lincei.
111 Norwège : *Christiania.* — Académie royale des lettres, histoire et antiquités.
112 République Argentine : *Cordoba.* — Academia national deciendas en Cordoba.
113 Suisse : *Sion* (canton du Valais). — Société Murithienne (société Valaisanne des sciences naturelles).
114 Suisse : *Genêve.* — Société d'histoire et d'archéologie.
115 Suisse : *Sion.* — Bulletin des travaux de la Murithienne (société Valaisanne des sciences naturelles).

COMPTE DE GESTION

Présenté au Bureau de la Société Académique

Pour l'année 1912-1913

PAR LE TRÉSORIER DE LA SOCIÉTÉ

RECETTES

En caisse au 1er juillet 1912 :

Livret de la Caisse d'épargne..	671 fr. 99	
Argent en caisse...............	36	82
		708 fr. 81
Intérêts de la Caisse d'épargne 1911 et 1912..............	37 fr. 19	
Intérêts de deux obligations Ouest 2 1/2................	22 »»	
Cotisations des membres résidants	1.380 »»	
	1.439	18
Total des Recetes......	2.148 fr.»»	

DEPENSES

Recouvrement des cotisations..	63 fr. 75	
Frais d'impression	1.254	50
Couronnes mortuaires	180 »»	
Dépenses pour les conférences et soirées	251	65
	1.749 fr. 90	

BALANCE

Recettes .... 2.148 fr.»»
Dépenses 1.749 90

RESTE............ 398 fr. 10

Se décomposant ainsi :

TOTAL ÉGAL...... 398 fr. 10

La Société académique possède deux obligations de chemins de fer de l'Ouest 2 1/2 de 500 francs, numéros 386.770 et 386.771.

Brest, le 15 mai 1913.

Le Trésorier,
Signé : COLLOS.

Vu et approuvé par les Membres du Bureau de la Société académique.

Le Président,
Signé : OLLIVIER-HENRY.

Les Vice-Présidents,
Signé : GENTY, Mme PERDRIEL-VAISSIÈRE, GUÉNIN.

Les Secrétaires,
Signé : DELOURMEL, ALLÈGRE, PRADÈRE-NIQUET, MASSERON.

TABLE DES MATIÈRES

	PAGES
Conférences de la Société Académique pendant l'année 1912-1913	5
Le docteur Hébert et son œuvre, par L. Delourmel	9
Devisaire Breton (2ᵉ partie), par L. Esquieu	9
Tabla du Devisaire Breton	83
Les Menhirs isolés de l'arrondissement de Morlaix	111
Liste des Membres composant la Société Académique	147
Liste des Académies et Sociétés savantes correspondantes.	155
Compte de gestion de la Société	163

www.ingramcontent.com/pod-product-compliance
Lightning Source LLC
LaVergne TN
LVHW011436180726
843503LV00002BA/467